光市事件 裁判を考える

現代人文社編集部 編

現代人文社

光市事件裁判を考える

現代人文社

……目次

座談会

光市事件裁判の論点を考える

最高裁によって差し戻された光市事件は、2007年12月4日の弁護側の最終弁論で結審した。この裁判では、上告審にいたって、新たな弁護人が、一審・控訴審では争わなかった事実を争うこととなった。このため、弁護人に対するバッシングは苛烈をきわめた。この座談会では、弁護団にご参加いただき、差戻審での疑問点・論点を整理する。

1 事件の問題点はどこにあるのか

編集部 まずはじめに、光市事件について、簡単に経過をお話しします。

事件は、一九九九年四月一四日に、山口県光市で起きました。同月一八日に、被害者と同じ団地に住む少年（当時一八歳）である被告人が逮捕されます。家庭裁判所に送致され、付添人（弁護士）がつきました。同年六月、逆送決定がなされ、強姦致死、窃盗で起訴されます。同年八月からはじまった第一審（山口地方裁判所）では、被告人は公訴事実を争わず、弁護人が強姦の故意の発生時期だけを争いました。同地裁は、二〇〇〇年三月二二日、殺意や強姦目的を認定しましたが、検察官の死刑求刑を斥けて無期懲役の判断をしました。検察官の量刑不当を理由とする控訴を受けた広島高等裁判所は、二〇〇二年三月、一審とほぼ同様な事実認定で控訴を棄却しました。すぐに、検察官が

出席者

川崎 英明
かわさき・ひであき
関西学院大学
法科大学院教授

浜田 寿美男
はまだ・すみお
奈良女子大学教授

守屋 克彦
もりや・かつひこ
東北学院大学
法科大学院教授

本田 兆司
ほんだ・ちょうじ
弁護士（差戻審弁護団）

河井 匡秀
かわい・まさひで
弁護士（差戻審弁護団）

村上 満宏
むらかみ・みちひろ
弁護士（差戻審弁護団）

司会
編集部

上告したところ、最高裁は、二〇〇六年六月、「特に酌むべき事情がない限り、死刑を選択するほかない」と広島高裁判決を破棄し同高裁に差し戻しました。広島高裁での差戻審は、二〇〇七年五月からはじまり、同年一二月四日の弁護側の最終弁論で結審します。判決は、二〇〇八年四月二二日に言い渡される予定です。

　結審までに、事件発生からすでに八年半が経過しております。この間に、上告審段階では、旧弁護人の辞任、新弁護人の弁論期日欠席とそれに対する懲戒請求、控訴審段階では、橋下徹弁護士の発言に端を発した大量の差戻審弁護人に対する懲戒請求がなされています。また、この事件に関するマスメディアは、被害者遺族の被害感情を全面に出し、弁護人バッシングを強く押し出すものでした。

　はじめに、ご出席の方々が光市事件を見たり、聞いたり、かかわっておられたりして、自分にとってこの点がもっとも問題なのではないかとか、ここについては一般の人たちにも理解してもらいたいという点がありましたら、自己紹介とともに簡単に発言をお願いします。

犯行事実そのものがはっきりしない

浜田　いちばん一般人に近いところで（笑）、私から発言させていただきます。専門は子どもの発達ということなんですが、甲山事件に関与してから、刑事裁判の世界に引き込まれて、もう30年ほどこの泥沼の世界に浸かっています。

私がこれまでやってきたのは主としてやったかやらないかという、いわゆる冤罪事件で、そのなかでも取調べ場面での被疑者、あるいは参考人の供述をどう見るかということに関わってきました。

日本の取調べは、事件についての事実そのものを明らかにするという以上に、悪いことをしたのだからちゃんと謝罪をしろという構図のなかで行われているために、実際はやっていない無実の人に対しても、いったん容疑をかけてしまえば、おまえがやったにちがいない、認めてちゃんと謝罪しろというかたちで詰めることで、結果的に虚偽自白が出てくるという構図になっています。同様に、実際に被疑者がやった事件に関しても、どういう経緯でこういう事件を起こすことになったのか、その犯行の流れがどのように進行したのかという、いわゆる犯行筋書を追及するときに、謝罪追及型で責めてしまうために、犯情をできるだけ重い方向に引っぱってしまう。自分のやったことを全部、洗いざらい言って、ちゃんと謝って、刑をしっかりつとめて、更生するんだという構図のなかに被疑者を置くことで、被疑者が自分の記憶どおりに犯行筋書を自白しても、ほんとうにそれだけなのか、本当はもっとひどいやり方をしたんじゃないかと問い詰める。それで結果的に、想定される犯行ストーリーのなかでもできるかぎり重いほう、重いほうに引きずられていく。そういうことがこの光市の事件でも起こっているのではないかという感じがします。マスコミで報道されているかぎりで見れば、取り調べそのものの問題がまったく出ていませんし、今回の弁護団の主張でもその点があまり前面には出ていないように思えるのですが、このことがずいぶん気になりました。

計画性とか殺意、あるいは強姦の意図というようなところが焦点になって争われているということは分かるのですが、もう一方で、そもそもこの事件で少年がどのような行為をどのような順序で行ったのかという事実そのものの部分がはっきりしなくて、この両者をしっかり分けて議論しておく必要があるのではないかと思います。そこのところがごっちゃになっているという感じがあって、少し整理して考える必要があるのかなということを感じています。

刑事弁護に対する バッシングの激しさ

川崎　法科大学院では刑事法を教えています。私も光市事件の経緯を関心を持ってずっとながめていたのですが、刑事弁護に対するバッシングが激しい、そのことも重大な問題ではないかと感じています。同様の現象は過去にも和歌山カレー事件の弁護活動などをめぐって登場していたことですが、その延長線上の現象だなと思いつつ、同時に一段とバッシングが激しくなってきているのではないかと危惧していました。とくに、裁判員裁判が二〇〇九年から施行されることを考えると、裁判員たる国民のまさに眼前で弁護活動が展開されることになるわけですので、もう一度、刑事弁護がなぜ必要なのか、なぜ重要なのかということをまさに国民の問題としてきちんと考えておかなければ、刑事裁判の将来は危ういことになるのではないかと思っています。そういう意味で、光市事件の経緯を注視していました。

被害者感情が強まって、 少年の刑事事件の難しさを痛感

守屋　私は、光市事件が発生した一九九九年に裁判官を定年で退官したのですが、それまで刑事事件と少年事件を主に担当していました。刑事事件では、浜田さんと問題関心を同じくして、自白調書を取り巻く問題について考え、判例を整理するようなことをしまし

た。また、少年事件にも長く携わり、論文を書いたりもしています。最近、被害者感情が強くなってきた関係で、未成年者の事件で結果が非常に重大な場合に、未成年者の未熟な人格その他を適切に評価して、適正な量刑を考えるということが非常に難しくなって来ているのではないかという思いがしています。低年齢の少年が犯した殺人、強姦などの事例に何度か遭遇して、そのような問題を考えるようになってきました。

光市事件にも、そのような少年の刑事事件の難しさが含まれているように思い、座談会に出席しました。

編集部　では、弁護団からもお願いします。

裁判員裁判に向けて、量刑についてリーディングケースにしたいとの裁判所の願望

本田　私は京都出身で、広島弁護士会に所属しています。

事件の量刑としては、一八歳を三〇日超えたばかりの少年事件であり、殺人の計画性もなく、われわれ弁護士から見たら無期懲役が相当だろうという事件でした。しかし、被害者の遺族がメディアを通じて、厳しい処罰感情を訴えておられましたので、無期懲役がそのまま維持されるのか不安に思っていました。

裁判員裁判のもとでの刑事裁判において、いま、量刑基準を裁判所、検察庁とも相当注目しているのではないか。裁判所が世間の注目を集めるこの事件を重要視して取り上げて、二名殺害の事件は死刑を前提にした上で、特に酌量すべき事情がない限りは死刑という基準を確立しようとしているのではないかと、非常に危機感を抱きました。

そういうなかでこの事件の弁護人としての依頼がありまして、これは広島の事件であるので、なんとしてもお手伝いさせてもらわなければいけないと思い、かかわることになりました。

私は最高裁、検察庁を含めて国が裁判員裁判に向けて、量刑について、この事件をリーディングケースにしたいという意図が強いのではないかと、非常に危機的な思いをして、この刑事弁護に当たらせていただい

たという経緯です。

被害者感情を重要視する最高裁の判断

村上　愛知県弁護士会に所属しております。この事件は、偶発的な、そして予期せぬ出来事、つまり不幸と不幸が重なって重大事件になってしまった、少年事件です。しかし、それについて裁判所も社会も考えようとしていないという、いまのこの風潮が大変気になります。

そして、いま本田弁護団長がおっしゃったように、これまでの殺人罪の量刑基準では、成人の場合に同じ機会に同じ場所で二人被害者がいる場合、殺人の計画性がない場合には、死刑が避けられており、無期になっていました。しかし、この事件では、殺害の計画性がないと言っておきながら、強姦の計画性があるので、必ずしも死刑を回避する理由にならないということを最高裁は言われています。

また、いちばん重要なことですが、少年事件で今まで死刑が確定した事件は四人殺害事件、または四人殺害プラス殺人未遂事件、永山則夫事件のような事件しかなかった。しかし今回は人数、そしてまた少年事件という枠を最高裁は越えて差し戻したというところに非常に政策的な意図を僕は感じております。

先ほど団長もおっしゃっていましたが、裁判員裁判に向けて、二人殺した場合は死刑にするというような基準を定立しようという流れに問題があると思います。

もう一つは、最高裁は被害者感情を非常に重要視する判断をしたと考えております。最高裁が差し戻したのは、被害者感情の峻烈さがとても大きな影響を与えていたと思います。『判例時報』（一九四一号三八頁）では、そういうことはないと、わざわざ言及されていたようですが、僕は必ずしもそう思いません。

さらに、最高裁は、犯罪事実について「揺るぎなく」認めることができると認定しています。この言葉が世論を形成したことは否定できません。社会からのバッシングをつくった張本人が最高裁判決であると僕は考えております。

これからの少年事件、そして少年の刑事裁判のあり方について、この光市事件は非常に大きな影響を与えるのではないかと感じております。

マスコミや世間がこれほどまでに恐ろしいと感じたことはなかった

河井　東京弁護士会の河井です。二点申し上げたいと思います。第一点目がこの事件は一審、旧控訴審、最高裁が認定してきた犯行態様、それは被告人の捜査段階の自白に基づいて認定されているわけですが、客観的事実と違っているという点が最大の問題であると私は考えています。それが差戻審で、弁護団が最初から最も強く主張している事実です。

第二点目がマスコミ等の問題なんですが、われわれが予想していた以上のプレッシャーをマスコミ、あるいは世間の方々から浴びたわけです。脅迫や懲戒まで発展したことは皆さんご存じのとおりですが、その根拠になっているものが、「弁護人は死刑廃止運動にこの事件を利用している」とか、あるいは「弁護人が被告人に事実と違うことを吹き込んで言わせている」という、まさしくデマゴギーとしか言いようがないものでした。

逆に、裁判所が認定した犯行態様というものは客観的事実と違っているんだという弁護団の主張は、どこのマスコミも取り上げてくれませんでした。マスコミは、犯行態様が客観的事実と違っているという弁護団の主張は全く取り上げないで、「死刑廃止運動に利用している」とか「弁護団が被告人に吹き込んでいる」等と弁護団を批判していたわけです。この事件をやるまで、これほどまでにマスコミや世間というものが恐ろしいと感じたことは一度もありませんでした。

2　最高裁の弁論期日欠席は訴訟遅延目的なのか

編集部　弁護人に対するマスコミのバッシングは、上告審の弁論期日（公判）欠席問題に端を発していますが、弁護人の主張とマスコミ報道の間では、事実認識が相当違っています。この問題について、ご意見はありますか。

最高裁弁論期日欠席の経緯とは

川崎　私は、光市事件の刑事弁護に対するバッシングが激しいと先ほど申し上げたのですが、その一つの契機となったのが、上告審の弁論期日への弁護人の欠席という事態であったように思います。光市事件の最高裁破棄・差戻判決を掲載している『判例時報』（一九四一号）の解説の中で、その経緯が説明されていて、そこでは、弁論期日欠席は弁護人の訴訟遅延目的だったと見ざるを得ないという指摘がなされています。その経緯を説明していただければ、と思います。

本田　二〇〇五年一二月に旧弁護人へ公判を開きたいという連絡があって、二月と三月の二つ期日を言われた。旧弁護人としても弁論が開かれるのであれば、もう少し事案について検討したいので、五月ごろをお願いするということでした。

旧弁護人は、最高裁が弁論期日をひらく場合は、これまでの判断を破棄するか、新たに自判、つまり死刑の判断をする危険もあるから、さらに主張を検討する必要を痛感されたと思います。そこで、一二月五日に旧弁護人が最高裁に連絡をされて、新たな弁護人を入れたいという意向を言われた。

そういうなかで、新弁護人のほうは何も聞いておられませんから、別に日本弁護士連合会（日弁連）のある委員会の準備をずっと立てていた。二月五日に旧弁護人が、新弁護人のことを出されて、調査官に会いたいと連絡をしたら、二月六日にもう期日の指定が三月一四日として出てきたということなんですね。

そういう経過のなかで安田好弘弁護士が依頼を受けて、被告人との初めての接見が二月二七日になるんです。会って話しを聞くと、これまでの裁判で認定されている事実とまったく違うじゃないかということで、旧弁護人から記録をもらわれて、検討すると、犯行対応を見てみると通常考えられない痕跡がある、両手で首を絞めたということはあり得ないではないかと、疑問になった。直ちに本人から弁護人の選任を受けて安田弁護士が先に、そして足立修一弁護士が三月五日か六日くらいに弁護人選任届を出されて、弁護方針に相違が生じたので旧弁護人が辞任をされました。

直ちに、両弁護人は、三月七日に延期の上申をされた。しかし、その翌日の三月八日に裁判所がその申し立てを却下した。日弁連の死刑事件弁護をめぐる全国研修会をやることになっていまして、三月一四日は研修会をやらなければならないときですし、その準備のことで忙しい。一四日にやられたのではそれこそ弁護人の何よりも重要な職責である十分な弁護ができないということで、安田弁護士が前日に欠席届を出されて、当日は欠席されたという経緯です。

欠席するということで、裁判所には欠席届が出ていますので、通常は裁判官が出てきて、ああいうかたちで進められるということは安田先生も考えられなかっただろうなとは思いますが、実際に公判が開かれて、期日を決めて、翌三月一五日、出頭命令と在廷命令という二つの命令がたしか出たんです。

村上　補足をしますと、弁論を最高裁で指定されるということは、今まで、無期だったものが死刑になる可能性があるというメッセージが含まれております。安田弁護士は被告人に、日程上、二月二七日にやっと会いに行ける状況だったわけです。

会ってみて、事実は全然違うということになった。当時の社会的な風潮や最高裁の態度からして、このまま公判に出ると、破棄自判も考えられた。安田先生があそこで出席していたら、最悪、自判され、死刑判決ということもありえたわけです。僕は、準備もできない状況で出席するよりも、欠席する方が、弁護人として当然のことだったと思います。

安田弁護士と足立弁護士は、公判の前日、最高裁に欠席を連絡しています。そうすると三月一四日に欠席するということを知っている検察官は、被害者遺族に連絡されたと思いますし、公判が開かれないことも予測できたと思います。

最高裁の見解をどうみるか

川崎　先ほど挙げた『判例時報』の判例解説には、当の最高裁第三小法廷の見解も掲載されているのですが、そこでは二つの点が指摘されています。一つは、新弁護人が受任したときには弁論期日は決まっていたのだから、弁論期日を知った上で受任したではないかということ、もう一つは、旧弁護人が答弁書を提出しているのだから、新弁護人はその延長線上で弁護活動をやればいいのであって、補充意見書を出せば済むではないかということです。

私は、今のお二人の説明を聞いて改めて思うのですが、新弁護人が選任されて、事件を精査し直した結果、新しい事件の見方や主張が登場しそうだというのであれば、社会の耳目を集めているこれだけの重大事件ですので、終審裁判所たる最高裁としては、弁論期日を延長するという選択があり得たのではないかと思うのです。

第三小法廷の見解は、結局は、新弁護人は弁論期日を知ったうえで受任したではないかということに帰着し、形式的理由に拘泥しすぎているのではないでしょうか。

村上　答弁書を出したあと最高裁が公判を開くという方針転換をしたわけですから、新たな弁護士が事実を主張すると言ったときに、それは本来聞くべきではないかと僕は思うんです。

本田　二〇〇二年三月二七日に検察官が上告するのですが、最高検から最高裁に上告趣意書の提出期限を一〇月三〇日まで、六カ月という長期の期間を欲しいという上申書を出して、提出期限が一〇月三〇日に決まったという経緯があり、検察官が一〇月三〇日に上告趣意書を出しまして、その年の一二月二六日に答弁書を旧弁護人が出しているんです。それから最高裁は、三年間まるまる放ってあるんですね。放ってあって、検察には上告理由にあたらない主に量刑不当の主張をするために六カ月間の期間を与えておいて、そして量刑等で差し戻そう、あるいは破棄して自判ということも考えられるわけですから、そういうことをするときに弁護人がもう一度検討する期間をもらいたいと言われることは当然のことで、その旧弁護人が五月まで猶予をくださいというのはバランスとして何もおかしくないんです。にもかかわらず、翌日に最高裁の調査官に会って期日について相談をしたい旨連絡したら、その翌日に最高裁は期日を指定したんです。本当にこんな期日の指定の方法は、私は三〇年弁護士をやっていますが、聞いたことがありません。おそらくほかの弁護人にとっても、あり得ないことです。

川崎　守屋先生は、裁判官としての経験をお持ちですが、その御経験からみて、弁論期日の指定に際して裁判所のとるべき態度として今回の第三小法廷の対応をどうお考えになりますか。

守屋　新しく選任された弁護人の主張する内容が、それまでとは全く事実の見方が違うもので、しかもそのことについてある程度の理由がありそうだというのであれば、訴訟遅延という理由で片づけることは、考えられないと思います。普通の裁判所で事実審の経験がある裁判官であれば、これだけの重大事件である以上、十分審議を尽くして結論を出すという姿勢を示すと思うので、当然、弁護人に事情を聞くことになると思います。

本田　裁判所も弁護人に直接会って、話してみて、本当に遅延だと言われるものであるなら、それは言われても仕方ないと思うんですが。

守屋　調査官も会わなかったわけですね。

本田　会いたいと言ったら期日指定がされたんです。

守屋　最高裁を弁護するというわけではないのですが、一、二審、それから上告審の弁護人の答弁書の内容が、事実についてほとんど同じパターンで続いて来たとすれば、それまで弁護を尽くしてきたのに、弁論再開の段階になって、それまでの主張とは全く違う予想もつかないような主張が出てきたということ自体で、ちょっとどんなものかなというふうに受け止めて、主張の重みを最高裁自身が理解できなかったということではないでしょうか。そのような感じが、強気の姿勢を取らせたことの基礎にあるのではないかという気がしないでもありません。

編集部　三月末に、一人の裁判官が任期切れで退任になるので、任期中に事務を終わらせてしまおうとの意図というのは考えられるんでしょうか。

守屋　特に退任するのが主任裁判官だったりすると、そのような心理が働くことは間違いないと思います。裁判を受けるほうでも、映画『それでも、僕はヤってない』を引用するわけではありませんが、審理をしていた裁判官が途中で代わるということについては、抵抗があります。最高裁の場合は書面審理ですから、少し事実審とは違うとは思いますが、裁判官のほうとしてもやっぱりこれだけの事件ですから、できれば自分の任期のうちに判決をして、後任者に迷惑をかけたくないという心理が働くことも間違いないと思います。

編集部　わかりました。ほかの方で、弁護団の方々に確認しておきたいことがありましたらどうぞ。

一般の人は弁論期日指定の重大性がわからない

浜田　経緯を見ますと、たとえば弁護人から答弁書が出てから、最高裁がこれに対して動き始めるまでに相当時間がかかっていますよね。これは一般の人はなかなかわからないことだと思うんですが、マスコミではこれが問題視されないで、その後の経緯での弁護団の対応ばかりが叩かれていますね。だけど実際には最高裁が動き出すまでにずいぶん時間がかかっている。弁護団が答弁書を提出して三年もたって、そこで弁論期日を指定する。これだけの時間がかかるということは、どうなんですかね。

守屋　三年というのは非常に長い。最高裁は、三年間何をしていたのかということになります。

浜田　最高裁判所がずいぶん遅延させているということになりますよね。

守屋　最高裁の審理は遅いんですよ。多忙は多忙だと思いますが、自分の方が多忙で時間をかけていて、ようやく結論を出す段階になると当事者にきつく出るので、不満が出るわけですね。

浜田　一般の人は最高裁で弁論期日を指定されるということがどういう意味かということも知らないですよね。最高裁が弁論期日を指定するということは裁判所が判断を変えるということですね。

河井　死刑事件を除けば、弁論を指定するということは二審の結論をひっくり返すということですので、今回は無期懲役事件ですから、弁論を開くということは確実に二審判決が破棄されるということと見ていいと思います。

守屋　話しは変わりますが、裁判所の内部にいると、弁護士会のなかの研修とか、そういうものに対しての認識あるいは知識が十分でないんですね。したがって、そういうことを理由に重要な裁判の期日を延ばしてほしいという申し立てについては冷淡になる場合があり得ますね。

村上　先生、それは二次的な理由で、一次的な理由は弁護人として準備ができないということです。

川崎　マスコミ報道をみていると、今言われた第二次的な理由の方に注目していますね。要するに、弁護士会の仕事があって、そちらを裁判よりも優先した、それは何だという批判ですね。

村上　第一次的にはその弁護人としての準備ができないということですね。

守屋　それはそうだと思うんですが、私がその立場にいたとしても、研修の講師の役割というのが一旦決められた重要な裁判の期日の変更の理由といわれれば、抵抗を感じたかも知れませんね。今は、弁護士会の中にいるので、研修の企画の重要性や、今回の企画も安田弁護士の役割は余人では代えがたい役割であったと理解できるのですが。

川崎　重要な研修で余人を持って代え難いという事情があったのでしょうが、とはいえ、私も、弁護士会の研修ということが弁論期日欠席の理由として強調されると、それはどうなんだろうと素直に頷けない感覚はありますね。

ただ、光市事件の場合はこれまでとは全く違った事件の見方の下で弁護活動を行う、そのための準備期間が必要だということですから、当然、弁論期日の延長をしないといけないだろうと、そこは素直に理解できます。

本田　調査官なりが会ってくれたら、おそらく延期はしてもらえたんだと思うんです。国際規範も、十分な弁護を行なえる期間を与えるように規定していますが、新弁護人は十分な弁護もできずに決審されることが恐ろしいですよね。弁護の補充といったって論点が違いますから、やっぱり検察官の量刑不当の主張はおかしいと弾劾するだけではすまない。犯行態様が全く違うのですからね。だから私もどんなに非難されようが出頭しないでしょうね。

旧弁護人と新弁護人との関係がわからない

浜田　それから、旧弁護人とか新弁護人という言い方をしていますが、これはいずれも最高裁に上告してからの弁護人であることは変わりはないですよね。そうしたら新しい弁護人が入ったというだけで、前からの弁護人もいるのにどうしてその時点で対応できないんだ、どうして旧弁護人が辞めるなんてことになるんだというかたちで思ってしまう。そこのところが一般の人におそらくわかりづらいんだろうと思います。だけど弁護団としては弁論期日を指定されたことで、これはえらいことだと思ったわけですね。それが一般の人にわからないわけですよ。

本田　そうですね。そういう意味でいうと、旧弁護人がなぜ辞任されたんだと。辞任と新任というかたちで、裁判所がひょっとしてその事実だけを見られて、引き延ばしと思われたかもわかりません。

守屋　ただ、旧弁護人は控訴審から続いておられるわけでしょう。ですから、この事件の従来からの見方にのっかって、そこは争わないという筋書きのもとで弁護されてこられた。その弁護方針が誤っていたということになるわけだから、辞めざるを得ないですよね。

本田　そうなんです。そのへんは説明が十分できていないかもわかりません。

川崎　そのあたりの経緯と事情は丁寧な説明が必要ですね。ただ、弁護団が丁寧に説明しても、それがきちんと報道され、社会に届くかという問題はあるのですけど。

村上　正直言いまして、一審、二審の弁護士はたしかに情状的な弁護をずっとやっています。当時は量刑基準からいっても、どう見ても無期ですよ。一審、二審の裁判所も量刑事情について詳しく判決で書いています。検察は、無理だと分かっていてそれでも最高裁に持っていったんです。検察にものすごい執念を感じます。

最高裁は、二〇〇二年に検察から答弁書をもらったあと、相当期間がある。この間に被害者の意見陳述制度を始めとして被害者保護に向けた法改正の動きがあるんですね。

一審、二審の弁護士が一審から本当に僕たちみたいに、こうやって事実を本人から聞き出して闘えるかと聞かれると、私は、確信がもてませんね。

一審、二審は一人、二人でずっとやっていますでしょう。当時の方法で無期懲役が一応取れているわけです。事実を争っても立証ができずに、結局、否認して反省していないということになって、死刑判決を下されることも考えられ、争わないで弁護するということも当時の弁護の一つの選択肢だったと思われます。

ただ、今のこの事態ではそれは通用しない。事実を突きつけていかなければならない。

川崎　確かに、その情状弁護によって、結果として一審と二審では、無期の判決を得ていることは事実ですね。

村上　当時の状況ですと、弁護士だったらそういう手段を取る人がやっぱり多いと思います。少年事件ですし、どう見ても量刑基準から見て、死刑事件は永山則夫事件と千葉の市川事件、あれくらいしかないわけですからね。あと強盗殺人事件でも二人いるところで、二人殺しても成人でも無期になっているわけですから。

検察官が被害者遺族に連絡しているはず

編集部　弁護人のほうから欠席すると裁判所に連絡しているのですから、当然裁判所から検察官に連絡がいくわけで、そうであれば、検察官が被害者遺族に教えることはできたのではないかというお話があったんですが、そのへんのことは一般にはよくわからないところです。

村上　被害者遺族の方が、欠席について記者会見をされ、それからバッシングが起きました。被害者が、遠くから最高裁に来る予定になっていたようで、欠席するなら、それを被害者に頭を下げて伝えよと言う批判があります。しかし、そもそも弁護人が被害者の方に謝りに言って、欠席を伝えるということは、はたして必要かということがまずあります。そして、弁護人が欠席することを検察官が知っていたのですから、検察官が被害者にそこのところの事情を本来伝えておくべきではなかったかということです。

川崎　検察庁は一九九九年から被害者通知制度というものを実施していましたね。その下で、公判期日の通知を被害者にすることになっていたのではないでしょうか。

村上　今はされていますね。

本田　この事件は検察官から裁判所へすべて特別傍聴券の申請をしていると思います。被害者遺族の傍聴は一般傍聴で入ることができませんので、必ず検察官に申請してもらっています。

だから欠席届が出たということであれば、検察としては傍聴をどうするかは必ず確認するはずです。

3　最高裁の差戻判決をどう読むか

編集部　最高裁が実質的には死刑判決をしたということがひとり歩きしている気がするんですが、実際、最高裁の判断をどう位置づけたらいいのでしょうか。

最高裁は、広島高裁に宿題を付けて差し戻した

川崎　最高裁は、控訴審の無期懲役判決を破棄して、死刑の選択を回避するに足りる特に酌量すべき事情があるかどうかについて、さらに慎重に審理を尽くせということで、言ってみれば宿題を付けて広島高裁事件を差し戻したということですね。そうすると、その宿題について差戻審の広島高裁としては最高裁の判示に沿って審理を進めることになるわけです。

しかし、だからといってすぐに死刑の選択ということになるのではなくて、すでに弁護側が新しい証拠を出していますが、それまでの証拠状況に変化が生ずれば、最高裁の判断がそのまま拘束力を持つことにはならないから、改めて差戻審では新証拠を含めて検討し直すということになります。

刑事裁判の鉄則として挙証責任は検察官が負うことになっています。これは量刑事実についてもそうで、刑罰権の範囲を定める事実の問題ですから、検察官が挙証責任を負うことは変わりません。そこは原則どおりなのですが、しかし最高裁の破棄判決があるわけですので、その破棄判決の拘束力を免れるためには、弁護側が新証拠を出さなければなりません。すでに新証拠は出されたわけですので、差戻審としては、最高裁が出した宿題に対して解答をする形で、もう一度事件を検討し直すということです。

編集部　判決の拘束力というのは分かりにくい論点なんですが、条文の根拠としては裁判所法四条の「上級審の裁判所の裁判における判断は、その事件について下級審の裁判所を拘束する」ということになりますね。そもそもこの拘束力とは、上級審の判断が下級審の裁判所に対してなんらの拘束力もないと、下級審が前と同じ判断を繰り返すことで事件がぐるぐる循環して解決に至らないという不都合を回避するためとされています。光市事件では、一般的には最高裁が死刑判決を出した、と理解されていて、その最高裁の判断が差し戻された広島高裁を拘束することで、もう弁護団がなにを主張しても無駄であるというような受け止

められ方もされているようです。しかし、この「拘束」というのは、従前の証拠状態の下では、下級審を拘束するに過ぎないという限定された拘束力と解されています。この辺の議論について、整理していきたいのですが。それでは、破棄判決の拘束力について、ご意見はございますか。

最高裁判決には拘束力はない

河井　先程の『判例時報』掲載の判例解説にもちょっと出ていましたが、事実認定についての傍論判示が最高裁判決にあるわけでして、「犯罪事実は第一、二審判決の認定、説示するとおり揺るぎなく認めることができる」というような判示部分があるわけですね。ただ、これは八海事件等の従前の最高裁判例からすると、法的な拘束力が認められない部分ではないか。要するに原判決の積極的、肯定的判断部分であるわけで、消極的、否定的判断部分のみ拘束力があるという理屈からすれば、法的な拘束力はないのではないかという点が一点です。

二点目が今まさしく川崎先生が言われたように、差し戻し審は新たな証拠調べをすれば、上級審の破棄判決の拘束がなくなるわけで、そういう意味からすると、二重の意味で、この部分については拘束力がないのではないかと弁護団は考えるわけです。この点がいちばん一般の方にはわかりにくいのかな、と思うんです。

守屋　最高裁は自判をしないで、事実審理が必要であるということで差し戻したわけですから、新たな事実が出てくる可能性は当然の前提になっているわけです。それでは自判すればよかったかというと、そのこと自体大変な問題で、記録を見ただけで、原判決を取り消して死刑判決をしていいかという問題になるので、それをしなかったというのはやっぱり最小限度、最高裁の考えは理解できるわけです。そうすれば、差し戻した以上は事実審が始まるわけだから、事実が動いてくれれば結論が動いてくるということも当然考えられることになります。法律判断とは違いますので。そういう意味で、新しい事実が加わった事実認定の結論についての拘束力はないと考えるのが道理ではないかと思います。

4 弁護側が差戻し控訴審で争ったこと

編集部 最高裁に宿題をもらってしまった弁護団としては、死刑判決を回避すべき特段の事情があるということ、酌量すべき事由についての立証をしていくということが差戻し控訴審での役割になってくると思うんですが、弁護団として最もひっくり返したい事実についてお話ししていただきたいと思います。

河井 前提が最高裁に宿題をもらって、特段事情についてというふうに言われたわけですが、そこが根本的に違っているわけなんです。要するに最高裁が言った特段事情というのは、原判決、旧控訴審までが認定した、あるいは上告審が支持した犯罪認定事実のもとにおいては、特段の事情がない限り死刑を選択するほかはないという判断構造です。

いま、弁護団が言っていることは、そもそもの前提となる犯罪認定事実が間違えているという主張です。前提となる犯罪認定事実が全然違うので、死刑を回避する特段事情という最高裁の判示がもとから意味を失うということなんです。いま、弁護団がいちばん主張しているところはまさしくその点なんです。

本田 最高裁が説示するとおり、揺るぎなく認めることができるというのも同じ問題なんです。もちろん揺るぎなく認めることができるといったら、冤罪は絶対ないというようなことでもありますので。

編集部 そうすると揺るぎないというところからまずは争っているということなわけですか。

本田 そういうことです。

河井 「揺るぎなく認めることができる」という上告審判決の判示自体が、法的な拘束力が全然ないところですし、差戻し控訴審で事実証拠調べをしたところなので、これまでの認定から離れて、差戻審の裁量で事実認定ができる状態ではないかということなんです。

最高裁までで認定してきた事実と矛盾するあらたな事実の発見

川崎　その事実の部分ですが、傷害致死ではないかという主張は理解しやすいところがあります。窒息死に至らしめた行為の態様は逆手だったのではないかという点は、鑑定書と読み併せて考えると、すっと頭に入ります。しかし、母体回帰ストーリーだとか復活の儀式だとか、償いの儀式としての蝶結びだという主張となると、それは、どうなんだろうと、私には理解しづらいところです。また、この問題は責任能力にも関係してくる気がするのですが、そこもどうなのでしょうか。

河井　まず、最高裁までが認定した事実というのは、弥生さんについては馬乗りになって、両方の親指で首を絞めた。これが第一段階の行動です。二段階目として両手を重ねて首を絞めた。これで殺害したと、こういう自白になっているわけで、この自白に基づいて裁判所は殺人の犯罪事実を認定しています。

しかし、まず第一の行為である両方の親指で頸部を強く圧迫したという痕跡がない。表皮にもないし、筋肉内、内部所見にもそういうものは見当たらないという点が一点です。第二の両手を重ねて首を絞めたという点ですが、これについても被害者の弥生さんから見て頸部の右側に四本の蒼白帯があるわけですが、蒼白帯の位置、角度、かたちなどが、両手で絞めたという事実と全然合わない。弥生さんの頸部の左側には痕跡が何もないわけで、これも全然説明がつかないということなんです。ですから被害者のご遺体にあった痕跡と被告人の自白がまったく矛盾しているという状況になるわけです。

では、実際どうだったかというと、法医の学者が実験をして確認したのですが、右手の逆手でぴったり合うんです。これは私も本当に驚いたんですが、本当に遺体の痕跡とそっくりのものが残るんです。そのときに、被告人が新しく供述を始めた犯行態様についての供述は本当なんだなと私も確信しました。まずそれが一点です。

二点目が幼児のことです。三つ犯行態様があるんですが、一つが頭上から思いきり後頭部から床にたたきつけたという自白、二つ目が両手を重ねて扼頸をした、首を絞めたという自白、三つ目がひもで絞めたという自白があるわけですが、まずたたきつけについては、被告人は身長が一七〇センチありますから、そんな高いところから乳児を思い切りたたきつければ、それだけで亡くなってしまったり、頭蓋内にものすごく重篤な傷害が生じたりするはずです。全身がたたきつけられますから、諸臓器の震盪も生じます。ところが、そういう傷害や痕跡は全くない。これはもう常識でわかる範囲だと思うんですが、ご遺体からすると、そんなことがあったはずがないというのが一つなんです。

二つ目が両手で絞めたということになっていますが、扼頸の所見はどこにもないんです。だから扼頸ということ自体が否定されるわけです。

三つ目がひもで強く締めたということですが、この所見もないんです。ひもで首で強く締めれば皮下出血なり、表皮剥奪なりの痕跡が残るはずですが、いわゆる圧痕しかないんです。この圧痕のかたちがまさにちょうちょ結びがされている状態とぴたっと合います。だからそれこそ本当にちょうちょ結びで亡くなったと見るほかないんです。

法医学的な見地から言うと赤ちゃんというのは、ひもでちょっと絞めると首がむくみますから、それによって頸部が絞まってしまって、二次的なかたちで亡くなるということは十分にあり得るという所見があります。そういうことからすると、ちょうちょ結びをして、そのままの状態にしたら死んでしまったという被告人の弁解、新しく言い出したことというのは、真実と考えられるわけです。まずそれが出発点です。

そういうかたちで被害者の方が亡くなっている。そうなってくると、もう一回犯行に至る経緯までを再検討する必要があるだろうと思うんです。馬乗りになって殺したというのと、逆手で押さえたら亡くなったということ、あるいは赤ちゃんについてもたたきつけは全然なかったし、それこそちょうちょ結びをしていたら死んでしまったという状況ですから、そういったものを前提として、もう一回事実を全て再検討する必要がある。まずそこがご理解いただきたいところです。

事件直前の少年の行動をどうみるか

村上　いま河井弁護士がおっしゃったように、検察と今までの裁判所は、首を絞めて典型的な殺し方をした凶悪犯というかたちにしています。それは、人を殺してでも強姦してやろうという人間像を前提にしたかたちで物語が作られているんです。

　ところで、事実は、彼は会社を休んで友達の家に遊びに行ったんですが、友達が今からおもちゃ屋に行かなくてはいけないということになって、彼もついていけばよかったんですが、休んでいる仕事場の近くだから行けなかったんです。だから彼はそのまま家に帰って、そこで飯を食って、そのあと、ここからがポイントなんですが、同じ敷地のアパート内の居室にピンポンをやって排水検査に来ました、水を流してくださいというようなことをやるわけです。そこに出てきた女性の人が、それで水を流しに行って出てくると、彼はもういない。そういうことを何件も彼はやっています。

　これを検察官はどう見ているかというと、レイプをする対象の物色行為をしているというのが検察官の物語です。それで最終的に会った被害者を見て、まさにこれはレイプの対象だと思って、彼が家に上がりこんで、トイレの中でちょっと排水検査のような格好をした。はいはいする赤ちゃんを彼が抱き上げて、その後被害者があかちゃんを抱っこしようと前屈みになったときに、後ろから飛びかかって、というようなかたちになっています。

　だから彼の行動については、戸別訪問しているときに、自分の好みはいないか、強姦するにはこの人にするのか、この人たちの反応に対応しながらやっていく。そして被害者のときには、わざと言葉を変えてこの被害者の家に上がりこんで強姦するという、典型的というか、非常に大人の、結果から見た犯人像を前提としたうえでの物語なんです。

母体回帰というのは、精神年齢の低い子どもが甘えるかたちで、つまり母性に訴えるかたちでこの犯罪は起きたんだというのが、弁護団としてはいちばん言いたいことなんです。彼はまだ今までセックスしたことがありません。女性と付き合ったこともありません。だから女性と付き合ったことがない、セックスしたことがない人間が、今から強姦しようとか、物色行為をしているときに、この女を強姦するかどうかいろいろ考えをめぐらすというようなこととはとても大きな隔りがあるのです。検察が描く被告人像とは非常に落差があるんです。それをなぜ裁判所は気づいていなかったかというと、彼の人格、当時の心理状態を検討していなかったからだと思います。

今回、犯罪心理鑑定、精神鑑定でそれを解明してもらったんです。この鑑定はこう言っています。被告人が小さいときにお父さんから母親が家庭内暴力を受けていた。そのなかで彼は母を守るために、間に入っているんです。そうするとこの父から、この被告人も蹴ったり、なぐられたりされるわけです。でも彼は守るべきお母さんを守り、そしてお母さんもまたこの彼と一緒にお互い慰め合うわけです。小さいときにこういう経験をした子どもは安心して親と接することができないようです。人とも信頼関係を築くことができないようです。

そして、母は、彼が一二歳のときに自殺してしまったんです。自殺した場面も彼は見ています。自殺したあとの死体を見ています。脱糞状態であるところも彼は見ています。彼の精神に与えた傷は癒されることなくその後の彼の生き方に影響を与えております。

彼はその後、人間関係をつくれるかといいますと、なかなかつくれない。自分がストレスに遭ってしまうと、常に死んだはずの母を求めていきますので、母の死を現実感をもって受け入れられていない。母が当時父から暴力を受けたことによって、母は薬付けになっており、酒を飲んだりしていたようですが、その痕跡が押し入れからたくさん出てきた。だから彼は、孤独になったり疎外感を感じると家出をするのですが、結局家出ができず、この押し入れの中で過ごしたりしているのです。

今回、加藤鑑定も野田鑑定（精神鑑定）もおよそ彼は一八歳の精神状態になっていないといいます。一二歳のとき、母の自殺によって彼の心に大きなトラウマができて、それが人格形成に非常に大きな影響を与えた。そこで止まってしまった。それで彼は高校を卒業し就職して二週間後におきた事件がこの事件です。

就職先はアットホームなところで、その雰囲気が彼にとっては経験のない、居心地のよくないものでした。つまりよくしてくれる会社の期待にこたえられない。かといって自分のストレスを解消するためには、家に帰っても、今度は義理の母がいて、義理の母は、子どもを産んだばかりでして、彼の居場所がない。そうすると、彼は居場所がないから、自分を受け止めてくれる人だとか、受け止めてくれる場所を求めていた状況でした。彼はそういう状況を紛らわせるために、ゲームセンターや友だちの家に行って、解消していたんです。

しかし、当日、彼は友だちが今からおもちゃ屋に行こうと言ったときに、ずる休みしている会社の近くに行くことになってしまいますから、一回家に帰って時間を持て余してしまった。家では、義理の母に後ろから抱きついているんです。義理の母は彼が仕事の途中で家に寄っていると思っているものですから、仕事に行くようにせかすわけで、彼の甘えを拒むわけです。彼はそこで甘え切れなくて外に出てしまった。出てしまって友達と待ち合わせしている時間までなにをしようか考えて、そしてアパートの居室を訪問することを思い立ったのです。

そこでの彼の精神状態は、いろいろな人のところに行って、自分が仕事をやっているというふりをしよう。それでまた心のどこかに自分を受け止めてくれる人たちに出会いたいと思ったようです。

実際に被害者以外の応対された人たちの供述調書を読んで行きますと、彼がそのつもりだったからこそ不可解な印象を述べているのですね。応対された人たちは彼が、何言っているかわからない。とにかくトイレの水を流してくれと言っているだけで、ムニャムニャ言っているだけです。声も全然聞こえない。この子、本当に大丈夫なのかな、みんなそう思っているんです。不可解なのですね。応対された人たちは彼がどういう意図で来ているのかさっぱりわからないのですね。

最後の被害者のところでも同じようなことを言っているんです。しかし被害者は勘違いされて中に入って作業してください、トイレはここですよということで、彼はそこで入らざるを得なかったんです。

なぜ被害者が他のアパートの住民と違って、自分の家に招き入れたのか。それは二カ月前に下水道工事がなされていた。また被害者は赤ちゃんを抱いていまして、今にも寝かせようという状態だった。そうすると、とにかく自分がトイレに行って水を流すことはできないので、彼を招いたというのがわれわれ弁護団の考えです。

では、彼はなぜそこで入ってしまったのか。それは彼はそういわれて、上手く対応するだけの能力がない。同時に被害者を見たときに彼はこういうことを言っています。こんなお母さんの子どもであったら幸せだろうな、と。そこで彼は母性を感じているのですね。だから彼は入室を拒否できなくて入ってしまったんだというのがわれわれの考えですし、今回の犯罪心理鑑定、精神鑑定もそういう見立てをしています。

そして、このことは今回になって初めて出てきたことではなくて、家庭裁判所の鑑別記録のなかにはそのことが書かれています。しかし裁判所も検察も当時の弁護人も、ここの事実をまったく出していない。今回われわれがやっていることは新しいことをやっているわけではなくて、また鑑定人もおっしゃっていましたが、別に新しいことを言っているわけではないのです。

死後の姦淫行為と赤ちゃんに対する殺害行為をどうみるか

河井　補足なんですが、一般の方がいちばんわかりにくくて、弁護団が主張をして憤激を買ったところが、死後の姦淫行為と赤ちゃんに対する殺害行為（ちょうちょ結び）ですね。この二点がおそらくいちばんわかりにくいことだと思います。

一点目が今言ったように、被告人本人は生き返らせるためにやったというようなことを言いますし、ちょうちょ結びをしてしまったことについてはうまく説明できないんです。一般の方から見れば、なんと荒唐無稽で非常識なことと思われると思います。しかし、最初に話が出たとおり、本件は典型的な少年事件であるということなんです。

家庭裁判所の調査記録では当時の彼の精神発達の度合いが四、五歳レベルと書いてあるんです。四、五歳というのはあまりにも低いと思うんですが、われわれも本当なのかということで鑑定をしてみると、精神科医の野田正彰先生によれば四、五歳はどうかと思うけれども、一二歳レベルだろうという話なんです。捜査記録の写真なんか見ても、当時はものすごく幼い顔をしています。

二つ目がそういった典型的な少年、一二歳レベルか、四、五歳レベルかは別として、少年がそういう状態になるということが、はたしてまったくないことなのかという点なんです。神戸酒鬼薔薇事件（一九九七年）では、バモイドオキ神に言われてやったというような弁解がありました。あれも一般的な常識からすれば、非常に荒唐無稽だろうと思うんですが、そういうことが現実に起こり得るということをわれわれは知っているはずです。死後の姦淫行為が生き返らせるためにやったとか、謝罪のつもりでちょうちょ結びをしたということが、それと比べて全く起こり得ないことなのか。少年がそういった行動をとることは十分あり得るんじゃないかというのが二つ目の考えです。

三つ目がそうは言っても、たしかに常識ではなかなか計り知れないところがあるものですから、加藤幸雄先生や野田先生の犯罪心理や精神鑑定等の知見をいただいたわけです。DVを受けていたり、お母さんが自殺したり、あるいはファンタジーやゲームの世界に没頭していたとか、彼の成育歴からすると、そういったことは十分あり得るんだという知見を得たわけです。それに基づいてわれわれは主張しているわけでして、本件について言えば十分そういったことはあり得たのだろうということです。

村上　赤ちゃんが死ぬまでの経過のなかに彼はまず自分が予期せぬ家に入ってしまって、彼は排水検査を装うことをしなくてはいけない。

そして被害者にもう作業が終わりましたと伝えに行ったときに、彼は赤ちゃんを抱く被害者を見て、自分も甘えたいと思ってしまったんです。被害者からご苦労さまと言われたんです。その瞬間、彼は嘘に嘘を重ねて作業をやってきた、その緊張感から解放された。この瞬間、このお母さんに甘えたいと思って、後ろからそっと抱きついてしまったのです。

彼は被害者が「どうしたの？　僕」と対応されることを予想していたみたいです。今まで、実母からも、義母からもそのように対応されてきました。

しかし、被害者の彼女にしてみれば、およそ関係ない人にそうされたら、驚き抵抗するのは当然のことです。

それで彼はこの抵抗が思いもよらぬ予期せぬ事態でしたから、とっさに押さえつけるわけです。それで一回気絶させています。気絶させたあと彼が呆然としているときに、後ろから彼女に反撃されているわけです。これも彼にとっては予期せぬことです。

その予期せぬことに対して、また彼は押さえ込んでいくわけです。そしてその押さえ込み方が、右手を逆手にしてのど仏を押さえていたのです。被害者は、これで死んでしまったんです。

でも彼は殺しているつもりはありませんので、被害者が死んだまねをしていると。死んだまねをしているから、また反撃されるんじゃないかと思ってテープで被害者の手をぐるぐる巻きにしたりするのですが、脱糞していることに気づき、被害者の死を認識するのです。実母が自殺したときと同じ脱糞を認識して被害者の死を認識したのです。これでまた彼にとって予期せぬことが起きたわけです。

予期せぬことが何回も何回も起きて、彼はそのときに泣いている赤ちゃんを見て、そのあと赤ちゃんを一生懸命抱いてあやそうとするわけです。あやしながら、もう頭がパニック状態で、風呂場がベビーベッドに見えたから、風呂桶に一回落としているんです。風呂場で落とした瞬間にワンワンワン、赤ちゃんの泣くのが聞こえるわけです。それで彼は風呂場から出たときに、幽霊を見たと言っています。鑑定では、解離状態だとされております。

そういうような経過のなかで彼はあやしながら、ちょうちょ結びをしてしまったんですね。そこの記憶は彼はまったくないというんです。これはいくら僕たちが聞いても彼は思い出せないのです。鑑定人によれば、あまりに大きな精神的な打撃を受けてしまったので、彼に記憶がないのは当然である、との証言を頂いております。むしろ、彼の自白でここのところが明瞭に描かれていること事態が虚偽性を如実に示しているというのが、我々の考えであります。

そうすると、彼の実母が死んだときに、彼は弟と一緒にお母さんが脱糞しているところを見ているわけです。彼の傍らで実弟が泣いているんです。自分はこの弟に何もしてやれない。何もしてやれない兄貴として、この弟をなんとかしてやらなければいけない。お母さんも生き返らせなければいけない。彼は母の死を受け入れられていなかったので、その後、こういうことを彼は考えているわけです。そのなかの一つがセックスしたら人間は生き返るということも彼は考えているわけです。

この弟をあやすために今回ちょうちょ結びをしたと。首を絞めるわけではなくて、ちょうちょ結びというかたちで結んだ。親が子どもに、兄貴が弟に対してちょうちょ結びを結ぶような。これは彼がフラッシュバックして、ちょうちょ結びをしたというかたちでわれわれは更新意見の際には主張しているのです。

死姦したのも母が生き返ると彼はずっと思っているものですから、そうすると、今回被害者を母に見立てていた彼にとって、生き返らせたいという気持ちが、ここででてしまったのです。もちろん勃起をしていました。なぜ勃起したかというのをわれわれは検証しなくてはいけませんが、戦争などの異常状態のときに人間は勃起するということがあるようです。彼にとっても同様な状況であったと推測できるわけです。

本人の発した言葉とその解釈をどうみるか

守屋　いま弁護人側が言われていることで、本人の行為を心理学などの立場からどう解釈するかということと、本人の意識の上で、どのような言葉でそのような事態が述べられているのかということとは、ちょっと違うような気がします。本人の公判廷での供述や、捜査段階の供述があると思うのですが、今度のように、見方が変わる基礎になった供述がどういう経過で出てきて、それがどういうかたちで記録されているのか。そこのところはどうなんでしょうか。

浜田　動機や計画性、強姦の意図や殺意の起こった時点を含めて犯行筋書、つまりいわゆる犯行ストーリーがどうであったのかということと、少年が具体的にどのような行為をどういう順序で行ったかという事実の流れそのものとを分けて言えば、そもそも後者の事実の流れそのものに、遺体の状況などと決定的に食い違うところがあるわけでしょう。

もとの調書を読んでいないので分からないのですが、少年は最初からいま裁判所が認めているような犯行ストーリーを供述していたのでしょうか。その点、もとの調書はどうなっているのかということが気にかかります。たとえばいったん首を絞めて弥生さんが気絶して、それからまた意識を回復して、そのあと今度は実際に殺すところまでやってしまったという流れでやったというのは、最初から言われているわけですか。

河井　自白はまず両手の親指で首を絞めたけれども、非常に抵抗されて、一回手が離れてしまった。それでもう一回両手を重ねて殺害したと。

浜田　そのへんの実際に残った証拠上から読み取れる行為の流れがどうであったのかということと、その行為の流れに対して、なぜそのような行為の流れになったのかと一つのストーリーとして解釈するということとを分けておかないと、話があれこれ錯綜してくるように思います。たとえば弁護団が、そこのところで一気に母胎回帰というストーリーを全面に出されることについては、私自身はかなり抵抗があるんですね。母胎回帰という解釈でいいかどうか、それにどこまで根拠があるのかはちょっと議論の余地があるところです。加藤教授も実際には性的な欲求ということは否定はできないのではないかということは言っていますね。死姦行為をしているのは事実ですから、それを素直に認めるほうがむしろまっとうな考え方だと思うんです。

そこのところの区分けをきちっとしておかないで、母胎回帰うんぬんとか、再生の儀式うんぬんというのは、簡単には納得できない。たしかに実際に本人はそう思ったかもしれませんし、そう言ったのかもしれませんが、今の段階になってそういう話が出てくると、一般の人はえっと思うわけです。正直言って、私もえっと思ったわけですよ。母胎回帰という発想というのは、精神分析の流れの中で理論的に言われてきている部分がありますので、それをここに持ってくることがまったく理解できないわけではないですが、逆に言えば、それは周りの人がそのような理論を念頭に後付けで解釈したようにも見えるんですね。ですから、むしろまず事実そのものからしてこうだというところを素直に言っていただいたほうが、少なくとも私には分かりやすいですね。

本田　報道は救済ファンタジーはとんでもない、普通は一八歳の男の子が考えないはずだとか、そのようなところへ全部もっていかれています。この事実の解明は客観的証拠によってどのように認められるかということを何度も記者レクを開いて説明してきたんですよ。

守屋　それはわかるんですが、今度のように弁護団が変わって、新たに被告人から事実を聞き出したときに、たとえば右逆手で絞めたということを本人が自分で言い出し、そのことがあとで裏付けられていったのか、それとも客観的な事実でおかしいんじゃないかと聞いて、本人の供述が出てきたのか、そのあたりのことですね。

母胎回帰というのは心理学的な解釈であって、本人はそのときの心理を自分の言葉でどのように述べているのか。そういうことが、本人自身の言葉、記憶としてどのように述べられてきたのか、捜査段階の供述にもあったのか、今度の弁護人の方々が事実を調べたときに初めて出てきたのか、そこが重要だと思うのですね。本人の供述に基づくとこういう解釈が成り立つというのはわかるのですけれども。

河井　すでに上告審段階で安田、足立両弁護士が接見したときにそういった事実が出てきています。それは当然、被告人本人の口から語られたことです。

二つ目がまだ上告審の弁論が開かれるような形跡もなかったとき、被告人本人は教誨師の教誨を受けているんです。教誨師の方に対してほぼ同じことを、言っています。実は、自分は殺す気もなかったんだと。死後の姦淫行為は、生き返らそうとしてやったんだ、ちょうちょ結びしたら死んでしまったんだというような、ほぼ同じことを告白しているんです。これはきわめて信憑性が高いだろうと私は思いました。

村上　ただ、ちょうちょ結びに結んだと彼が知ったのは、あとから捜査官に教えてもらったからです。そのときのことを、彼はまったく覚えていなかった。

河井　いま、守屋先生が言われた点に即して言うと、いわゆる被害者の女性に対する犯行態様、あるいはその死姦行為の意味合い、赤ちゃんをあやめてしまった経緯、そういったものについては、まだ事実関係について全然問題になっていないとき、まさしく無期懲役の可能性が高かったときに宗教的な告白として、被告人本人が述べているんですね。ですから、弁護人としては、被告人が言っていることの信憑性は高かろうと考えています。

取調官は証拠をきちんと見ていたのか

浜田　少年が捜査官からそもそもどういうかたちで聞かれて、本人がそれに対して、どう応答したことであいう調書ができたのかという取調べの過程の問題があまり議論されていないような気がします。本人は言われるままみたいなかたちの言い方をしているようですが、遺体の状況と自白の内容がこれだけ大きく違うのに、それがそのまま法廷に出てきて、しかも控訴審までそのまま争われずに来たということは、一般の方にはなかなかわからないことです。冤罪事件などに関わっているものには、かなり想像はつきますが、一般の人はその問題性をほとんど知りません。本件の場合も、取調官は実は証拠をあまりちゃんと見ずに少年を取り調べているということですね。

村上　慎重に見ていないですね。遺体に関する鑑定書はもちろんのこと、犯行現場の状況を示す実況見分や被害者の夫の事件当夜の供述などから、彼が被害者に抱きついた場所が自白では説明できない場所になっております。

また、そもそもレイプとエッチについての意味が、彼はわかっていないですね。エッチの欲求はどんな子どもでも当時の一八歳の子はありますので、エッチする気持ちはあったという話が出てきます。それがだんだんレイプになって、レイプもエッチも同じだというかたちになっています。供述調書では、そういう言葉のごまかしは非常に多いですね。

言葉をよく知っているのですが、意味がわかっていないですね、当時の彼は。今の彼はやっとわかってきているけれども、でもまだまだという感じです。供述調書を見ていきますと、姦淫した時の印象として、経験もないのに、ダッチワイフのようだったとか、生きた人間と同じようだったという自白があるわけです。どう見ても彼は経験していないと思われるようなことが延々と書かれています。

本田　少年調査記録なんかを見てもらったら、強姦目的を認めろとしつこく言われたとか、被害者に実母のやさしさが感じられ抱きついたとか、差戻審での供述の片鱗は出ているんですよ。

浜田　それは、供述調書のところでどうなったのかというのが気になりました。

本田　供述調書にはそのような事実は記載されていません。

守屋　捜査段階の一番初めの逮捕時の弁解録取調書からその後の自白調書は現在の段階ではすべて証拠として提出されているのですか。

本田　そうです。

守屋　捜査段階の初期のころには、少し混乱があるというか、供述が整理されるまでには、いくらか変遷があるのではないですか。殺意の点についていえば、はじめは殺すつもりはなかったんだとか、そのような供述の記載がある調書もあるのでしょうか。

村上　当時は、殺人罪か傷害致死かを理解していないのですが、そもそも死んでしまったことには間違いありませんので、自責の念から、自分が殺してしまったという調書はあります。

河井　いちばん最初の供述調書ですが、そこには片鱗が出ています。たとえばいちばん最初の員面調書なんですが、被害者の女性に対する殺害を右手で押さえていたとか、奥さんが生き返るというようなことを言っていたりとか、あるいは赤ちゃんのたたきつけということは出てこなかったりとか、そういう意味では、かなり今言っているようなことが混じっているわけです。いちばん最初の調書からすると、殺意があったようにはとれないということです。

その後、検察官が取り調べすることによって、両手で絞めたとか、たたきつけとかというのが出てくるんですが、そういう変遷過程があります。

浜田　それなりに自分の記憶に基づいて語ったという片鱗が最初のころはあるということですね。

河井　あと、家裁に送致した時点で、かなり今言っているようなことと近いようなことも出てきています。

浜田　最初のストーリーの段階から、取り調べ側が、証拠を無視したかたちで残忍なストーリーを押し付けたというか、そういうストーリーで引き出してきたということですか。

村上　そういうことですね。捜査官が、殺害現場の状況を見て、被告人から聞きだすのではなく、捜査官のストーリーを押し付けるように、自白をとっていったと見てまちがいありません。

浜田　そういう議論をもっと前面に出していいんじゃないかと思うんです。母胎回帰うんぬんという話が出てくる前に、その前提として、そこの部分を明確にしないと、一般の人にはやっぱりわからないんじゃないかという気がするんです。

本田　検察の段階で、被告人からきちっと聞き出すべきなのに、真実を解明しようとしない。検察官から、警察ではこうしゃべっているねと言われると、そのとおり「はい」というかたちで終わってしまう。だから、いま最終弁論の弁論要旨を作っているんですが、おそらく自白の変遷からその自白の任意性、信用性の問題については相当詳しく主張することになります。

少年の主張は弁護団の「創作」か

川崎　弁護側の主張は、警察、検察の描いた事件のストーリーを叩くというか、弾劾するだけには終わっていなくて、逆に弁護側が捉えた事件のストーリーを打ち出しているわけですね。それはそれとして光市事件ではあり得る弁護方針かなとは思うのですが、先ほど守屋先生が指摘されたとおり、弁護側がストーリーを積極的に打ち出していくのであれば、そのストーリーはいったい何を基盤にしているのか、何を基盤にストーリーを立てたのかというところが大事ですね。とくにこの事件では、そのストーリーは弁護側が被告人に言わせているのではないかという批判がありますので、弁護側がこういうストーリーで説明できるというところの、そのもとになる根拠は何かということを明確に示すことが大事でしょう。

河井　一つはいちばん最初に申し上げたように、法医鑑定なんです。要するに遺体の客観的状況からすると、犯行態様はこうだというのがまずあるんです。

川崎　少年自身の語りはあるのですか。

本田　弁論要旨に添付する形で最高裁段階での少年自身の上申書が出ているんです。

川崎　先ほど初期段階の自白調書にそういう言葉が出ていると言われましたが、それも前提にしているわけですか。

河井　はい。だから上告審段階で本人自身が事実経過がこうだという上申書を書いているんです。それが弁護側の主張の基盤になっているんです。

守屋　私の経験からですが、性犯罪などでは、捜査官は、未成年者の事件などで、その事件の特殊性がどうかということに気が回らず、大人の常識や大人の使っている言葉のままに調書を作ってしまう危険がありますね。聞かれる方もあまり話したくないことだから、あまり逆らわずに言いなりになってしまう。この事件なんかも、そういう大人のパターンに本人が乗っかっていったのだけれども、自分の言い分が本当はそうじゃなかったんだけどなという心残りの痕跡が見られるようにも思えますね。それが、審理の過程で大人不信という形でポツポツと出てきているのではないですか。捜査段階で、十分言い分を聞いてもらえないことが、不満として残っていた。そういうかたちで見ると、弁護人のいわれる事件の筋が見えてくるように思えますね。

本田　先ほども村上先生から発言がありましたが、小学校に入ったときからお父さんからすさまじい虐待を受けております。お母さんも同じように虐待を受けて、お母さんとの間に一体感、共生感を抱く関係ができて、一方、お母さんが夫に求められないものを子どもさんに求めたのではないかというような共依存関係ができてしまったんです。そのお母さんが亡くなってしまうという不幸な経緯のなかで、相当人格の形成や精神の成長に影響が出たのではないか。

そこで魔界転生のストーリーが思い浮かんで、復活してくれればいいという思いで死姦行為に及んだのではないかと思えるのです。そこまでのことを知っていただかないと、十分な理解が難しい面がありました。しかし、マスコミ報道によって、性暴力ストーリーが世間に染み付いてしまった。

このような報道の影響もあって、弁護団が少年に言わせているのではないかというところへつながっていると思えます。弁護団としては、その点をなんとかマスコミの方にわかっていただこうと努力をしたのですが、このような被告人の供述の正確性を検討する必要もあって、十分に記者の方にわかっていただけなかったと思います。

アナザーストーリーの出し方

浜田　極論になるかもしれませんが、本件には、ある種の冤罪事件と言っていいような構図があると思うんです。それで、冤罪事件を争っていくときに、いろいろなかたちでアナザーストーリー論を立てることがありますね。アナザーストーリーというときに一番分かりやすいのは、たとえば被告人は犯人ではなくて、真犯人は別のところにいるんだというかたちで、具体的に誰かを名指しで告発するというもの。だけど、そのようなアナザーストーリー論は弁護活動としては邪道ですね。冤罪事件の弁護というのは、被告人を有罪とする証拠は無いんだということを示すだけで、真実を究明することではないはずです。それにこの種のアナザーストーリー論は、下手をするともう一つの冤罪を作りかねません。

これに対してもう一つのアナザーストーリー論があります。たとえば自白がある場合、検察側は真犯人が真実を語ったのだというストーリーを立てて有罪立証しようとするのに対して、これは無実の人が虚偽の自白をしたものなんだというストーリーを立てる。つまり取調べの過程で無実の人がこういうかたちで虚偽自白をするということがあるんだというアナザーストーリー論を立てる。そういう立て方が弁護の上では正論だと思うんです。

この議論を光市事件に当てはめると、検察が立て、裁判所が認めてきたこの性暴力ストーリーが、取調べ過程でいかにして出てきたのかということを検討することになります。実際このとおりやった人間がこのとおりのことを語ったんだという検察側のストーリーに対して、実はそうやっていないのに、こういう性暴力ストーリーができあがってしまったんだというアナザーストーリーを明確に出すというのが一応筋だと思うんです。その点、母胎回帰うんぬんというストーリーは、冤罪主張のために真犯人を立てるというアナザーストーリー論に等しい働きをしてしまいかねないという気がするんです。そういう解釈は可能かもしれませんが、ここではむしろ取調べ過程におけるアナザーストーリー論をきちっと立てることが先決で、その上ではじめてもう一つの犯行筋書が提示できると思うんです。

そこのところが誤解されて、本来二ステップでいくところを越えてしまって、マスコミから流れてくるのは、弁護団はこんなとんでもないことを言っているという話で伝わってくるわけじゃないですか。そこをきちっと整理しておかないと、なかなか一般の人には理解されにくい。最初から強姦の意図を持っていて、その意図を完遂しようとした結果として殺害にいたったという性暴力ストーリーが実は取調室のなかでこうやって作られてきた可能性が高いのだということ、このことを遺体の状況などと照らして積極的に提示すること、この第一ステップが一般の人にまったく伝わっていない。そこが最大の問題だと思います。ただ、この点の話はなかなかわかってもらえない。虚偽自白がなぜ出てくるのかということを、一般の人がなかなか理解しないのと同じように、本件の場合も、少年が本当のことを語ったところを取り出して調書はつくられているんだという前提でみんな見てしまいますからね。

本田 弁護団が主張したストーリーは、信頼できる人間関係を築けていない少年が、勤めにもいけず、そのプレッシャーの中で、仕事の真似事である「水道屋さんごっこ」だったわけです。それから抱きつき行為はほぼ解明できているのではないかという気がします。というのは義理のお母さんに対して抱きつき行為を何度もやっているんです。義理のお母さんも、実母が亡くなられているので甘えているんだなということで、それを許してあげていた。

実のお母さんが中学一年生のときに亡くなっていますから、お母さんを思い出すために、まだお母さんの持ち物が残っている押入れへ入って、お母さんから「結婚できたらいいね」などと言われたことを思い出して、甘えたい思いに浸っていたんです。

本件では、被害者に自殺した母親のように優しくされて、被害者の中に優しい母親が投影されて抱きつき行為に至ったのです。

そして、被害者がびっくりされるのも当然で激しく抵抗されて、少年もパニックになり、静かになって欲しいという思いで死に至らしめてしまった。

そして、紐で頸に蝶々結びをしたのですが、この点の記憶がなくて、ただ泣いている幼女を一生懸命あやしたりしているのに、泣き止まないために、女の子の頸にリボンを巻いて飾るようにしたのではないかと考えたのです。

浜田　それは思い出せないのは自然だと思うんです。ただ、リボン結びとかちょうちょ結びとかいうのは、殺す態様のものではないということははっきりしていますね。そうだとすれば、そこの記憶がなくても、それをあえて解釈する必要はない。むしろ殺害行為とは認められないやり方だということを強調するだけでいいのではないかと思います。

守屋　母胎回帰というのは、本人は自分の言葉ではなんて言っているのですか。

浜田　お母さんに甘えたいとかそういう言い方ですか。

河井　それは言っています。

守屋　そういうことなんでしょう。

村上　僕たちが母胎回帰、母胎回帰というのはそれを一まとめに言った言葉です。

守屋　やさしくしてもらおうと思ったとかね。

村上　そうです。

浜田　それのほうがわかりやすいです。

守屋　そう、そう。それを母胎回帰と言ってしまったものだから、誤解を生んだのかも知れません。

村上　未熟で幼い子どもが母性に甘えるかたちでお母さんに甘えたいとか、そういうかたちで各行動が起きていると。

守屋　彼の生の言葉でいえばそうだと思うんです。甘えたいと思ってやったら、意外に抵抗されてパニックになってしまったと、パターンとしてはこういうかたちだと思うんです。母胎回帰と言ってしまうから、作った言葉だという感じを与えてしまったんだと思います。これは本人の責任じゃないですね。

河井　弁護団の責任です。
浜田　心理学者にはうけるかもしれませんが、一般の人にはあまりうけないですよ。
河井　いろいろな言葉がひとり歩きしているのは間違いないんですよ。母胎回帰ストーリーとか、ドラえもんだとか、魔界転生だとか、謝罪のちょうちょ結びだとか、そういった刺激的な言葉がひとり歩きしているということは間違いなくて、われわれ弁護団がそういった刺激的な言葉を不用意に使ったのはまずかったのではないかというご批判があることは間違いありません。それは謙虚に受け止めなければいけないと思います。
本田　われわれが魔界転生という復活の映画みたいなのがあるねと言ったわけでも何でもないんです。彼からいろいろ聞くなかに、後付けかもわからないんですが、その言葉が出てきているんです。それをどう供述に持っていくかというのは、いろいろな観点から検討したんです。でも彼が本当にそのような思うということは、救済ファンタジーというんですか、複雑性ＰＴＳＤのなかでそのような精神症状が生じるのも不自然ではなく、押し入れにもドラえもんというか、何か救済してくれるような感じがあるものですから、最終的には弁護団はその言葉でいこうと。そして事実は事実として語ろうということをやったんですよね。ところがそこだけがひとり歩きしてしまって、精神的に未熟な少年であるという全体のストーリーが霞んでしまいました。

「友人への手紙」の問題をどうみるか

編集部　控訴審で検察官が提出した、友人に出した手紙というのもすごくひとり歩きしています。あの報道で私たちが感じ取るものは、彼のすごく大人の人格像です。手紙のなかで、自分は少年なんだから大したことないんだみたいな認識を持っているところと、いま弁護団が主張しているような、少年というか、子どもみたいな人間像というのがすごく溝があるように感じます。

村上　手紙を送った方は作家志望で、彼は被告人に手紙を送るわけです。被告人は周りの人と出会う機会はない。そしてコミュニケーションもなかなか取れなかった。孤独だし、事実に向き合う姿勢のない時にこの手紙のやりとりをしております。

そして、コミュニケーションを上手くとれない彼にしてみれば、その方の手紙にものすごく影響されて、一生懸命手紙の返事を書くんです。その方が大きく書いてくると、彼もそれに呼応したかにように大きく書いてくる。だから文体もよく似ています。それをお互いにやり合っていって、たとえば弁護人の悪口を言ったりとか、裁判所をけなしたりすると、被告人もそれに応じていくわけです。それは拘置所のなかでのことです。

われわれがいちばん問題としているのは、なぜ拘置所でそういうことを自由にやらせるのかということです。それをそのまま拘置所は検察庁に持っていった。

河井　要するに一種のおとり捜査的な側面がありまして、被告人はA君という隣の房にいた人間と仲良くなって、そのA君が外に先に出たのです。被告人はそのA君と文通をするようになるのですが、検察官がA君と接触するわけです。検察官が接触したあとでA君は挑発といいますか、非常に刺激的、過激な表現を使って、被告人をあおるような手紙を出すわけです。

A君は検察官の手の内にあるわけです。被告人本人はいま言ったように、非常に寂しがりやで、また人に合わせるという性格特性を持っているところがありまして迎合しやすいんですね。それで、A君の手紙に対して被告人は迎合して、自虐的、偽悪的な返事を出す。そうすると、A君はその手紙を検察官のところへ持っていくと、こういう構造のなかで作られたわけです。しかも、拘置所では、通常こういう手紙は黒塗りにすることが普通なのですが、何の措置もとらずに出させている。

だから、もちろんあの手紙の内容は、被害者を冒涜すると言われればそういう部分もあるので、そういう意味では非常に不謹慎なものなんですが、あれを書かせたのはA君のあおり行為によるものです。A君と検察官が、そのときすでにコンタクトを取っていたということは事実です。

村上　高裁の判決では、被告人の上記手紙の内容には相手から来た手紙のふざけた内容に触発されて、ことさらに不謹慎な表現がとられている面も見られると指摘されています。

本田　しかし、最高裁はこの点をとらえて深刻さと向き合って内省を深めていると認めることは困難であると言っています。ただ、先ほども言いましたように、DVの被害等で心身の成長、あるいは人格の形成に相当悪影響を与えられて、相手の顔色を見て、ピエロの役割をして気に入られようとする性格も形成されているんです。そういう意味で手紙に触発されれば、相手に受けるだろうという手紙を書くことは、ずっとやってきていることなんです。だからそのへんのことも、この手紙についてその形成経過を皆さんにわかってもらわなければ、理解できないんだろうと思います。

差戻し控訴審での検察官立証と被告人の主張をどうみるか

川崎　差戻控訴審では、検察官提出証拠は法医鑑定だけですね。法医鑑定は逆手の問題と被害児童の殺害に関係するものですね。検察官も被告人質問をしたようですが、弁護側が提示した事件のストーリーの前提となる被告人の供述について、かなり突っ込んだ質問がなされたのでしょうか。

河井　そうですね。

川崎　その質問で被告人の上申書に記載された内容は崩れなかったということですか。

河井　基本的には崩れていないと認識しております。ただ、若干変遷するところは変遷するわけでして、今回の検察官弁論などもその点を突いてきております。

本田　ただ、記憶のないところが二つありました。被害女性を右逆手で押さえ込んだというところで、どういうかたちでこうなったかという、その部分については記憶がない。一生懸命押さえているという状況です。それとお子さんを二重にひもを巻いて蝶々結びをしているんですが、その部分については記憶がない、といっています。

村上　なんとか説明しようということで、彼は上申書に書いていますが、本当に自分の記憶かというと、なんとか説明しようというために書いていたということなんです。

本田　そういう点を悪く利用されています。でも、差し戻し控訴審で言ったことが彼は自分が記憶しているところの事実であると言ってますし、私も少年の話しが真実だと思います。

村上　犯行当時、自分は何を思ったかということを前提にしゃべっているんです。それまではそれが全然はっきりしないところがありました。

本田　これまで一審や前の控訴審では、裁判記録を手にしていませんから。自分が何を言ったかということすら認識していないんです。

浜田　記録が入ったのはいつでした。

本田　二〇〇六年三月七日以降です。

一審の弁護活動をどうみるか

守屋　それは本件の特色ですね。現在の弁護のやり方だと、当番弁護士が被疑者ノート*を差し入れていますので、捜査の初期の段階のことはよくわかるんだけれども、ここが全然欠けているということですね。当番弁護士が活動していなかったのですか。

本田　光市のとなりの徳山市の弁護士さんが光署に二回行っているんですが、当番弁護士として行かれてい

＊被疑者ノート　現在の取調べは、取調官と被疑者だけがいる密室の中で行われる。そこで取られた供述調書に任意性があるかどうか後の裁判で問題になるが、判断がむずかしい事態がしばしば生じている。その解決策としては、取調べの全過程を録音・録画することである。一部の検察庁で一部取調べの録音・録画が実施されているが、いまだ全面実施に至っていない。そこで、弁護人（弁護士）から被疑者に、取調べの注意点などが印刷され、書き込み欄が設けられた特別なノートを差し入れている。それを被疑者ノートと呼んでいる。そこに、被疑者が取調べ状況を書き込み、弁護人が弁護活動に役立てている。詳しくは、以下の日本弁護士連合会のホームページを参照。http://www.nichibenren.or.jp/ja/legal_aid/on-duty_lawyer/higishanote.html

るので、どれほど聞き取りをされたのか。その方が、これは私ではできないというので、付添人（弁護士）を紹介された。

被告人はこの弁護士さんに対しては、お父さんの弁護人という思いを持っておられる。といいますのは、お父さんに対して被害者から損害賠償請求が出るんじゃないかということで、お父さんがそういうことを恐れられていました。

村上　だからお父さんに対する少年の見方について、変なところで調書が不同意になっている部分があるんですよ。

河井　要するに彼にとって不利なところは同意されているんだけれども、お父さんのＤＶのところが不同意なんです。担任の先生の供述調書があるんですが、お父さんが暴力をふるっていたようですという部分が不同意になっている。お父さんが頼んだ弁護人ですからね。

村上　だから一審では家庭内暴力とかそういうのは重要視されていないのですね。

本田　これまでの裁判記録の中にもその形跡はいっぱいあるんですよ。家裁の記録には、小学校の入学式の日に足蹴りにされたとか、足を持って風呂桶にさかさまに顔をつけられたというとんでもない話が出ています。

編集部　お父さんが頼んでいたとしても、その弁護人がやらなければいけないのは少年のための仕事ですよね。お父さんが頼んだのであっても、それはきっかけにすぎないですから。

村上　ただ私選でお金を頂いているのは父さんからでしょうから、何かそこに歪みが生じているのでしょうか。

本田　当然、弁護費用の負担者と刑事弁護の相手は違うわけで、被告人の弁護を行うわけです。ただ、お父さんはいい人だという調書も一審の公判ではけっこう多いんです。魚釣りに連れて行ってくれたとかね。

村上　今の刑事裁判もそうですが、ＤＶによって量刑が変わるかという問題も新しく出ていると思いますが、当時はまだそういう話にもなっていなかった。

5　DV被害者の刑事責任をどうみるか

編集部　今までのお話の中で出てきましたが、この事件では、少年に対する虐待がありました。そうすると、差戻し控訴審でこの虐待を、刑事責任を考える上でどう評価するか注目したいところです。弁護団としては虐待問題をどのように考えているのでしょうか。

本田　DVというのがPTSDにまで至るとそもそも被害者ですね。そういう被害者が本人に向かっていくときにはわりにやりやすいんですが、他人に向かっているというときに、刑事責任上どういう問題が出るんだろうか。

米国ではそういうことを主張しない弁護人は弁護過誤として、そういう弁護過誤から出された判決は最高裁から破棄されたりする事例も出てきています。ただ日本の場合、DVの法的問題としては規範的責任論からしかどうも取りようがないように思えるのです。ただ、少なくとも量刑因子、刑事責任の減殺要素になるのではないかと言われているので、今回その書面を書くことになるんですが、説得力のある論理が展開できればと思っています。

守屋　児童期の虐待が性格形成に影響があるということは定説になってはいるんですが、それが刑事責任にどう影響してくるか。従来の責任能力の議論だとなかなかはっきりしませんね。

河井　DVが非行少年に与える影響について、家裁の調査官がまとめた小冊子等（「重大少年事件の実証的研究」・家裁裁判所調査官研修所監修・平成一三年五月、本庄武「被害体験が刑事責任に及ぼす効果について」一橋法学二巻一号〔二〇〇三年〕八九頁以下、舟橋民江「量刑において被告人の被虐待経験を考慮することの意義」子供の虐待とネグレクト八巻三号〔二〇〇六年〕三四三頁以下、藤岡淳子『非行少年の加害と被害』（誠信書房、二〇〇一年）、橋本和明『虐待と非行臨床』（創元社、二〇〇四年）があります。

守屋　その面では最近、研究がだいぶ進んでいますね。

河井　そのへんのことをこちらは主張しようとは思っているんですが、ただ、なかなか理論的にどういうかたちになるのか。たとえば永山事件だったら精神的未成熟というような概念を使ったわけですが、どういったかたちで取り上げるのか、いろいろと難しいところもあります。

村上　そのことによって、地裁や高裁レベルで死刑が回避されているような事例（山形地裁平一九年五月二三日・判例時報一九七六号一四六頁）もちらほらとあるんですね。

川崎　それらは、責任非難の程度を問題にしているのですか。

本田　幼少時DVで性的虐待を受けて、その後、成人に達してから虐待者と両親を殺した事件では、DVが認められて無期懲役が言渡された判例では、責任減殺の理にしています。だから責任の程度の問題でしょうね。つまり社会的な問題としてDVをどうして救うことができなかったのかと。援助を差し伸べるべきではなかったか。そういうなかでの人格形成がされてきて、そういうなかでの幼児的な行為へ至って被害が拡大した。ここに社会も一端の責任を負うべきではないか。この事件では、お母さんの自殺まで出ております。また、学校の先生のなかでは非常に担任の先生が心配して、それこそラーメンを食べさせたり、いろいろなことをして学校を卒業させてくれた。家出したってお父さんは知らん顔ですから。

最高裁判決では高等教育を受けているなんて言っていますが、高等教育を受ける、学校を卒業させるということが、担任の先生にとっては大変だったと思われます。そういうなかでの子どもさんの育ち方ですので、最高裁のこの判決というのは何か感情的で、本来は児童虐待の悲劇として、社会にアピールできる事件なのに、薄っぺらな判断でしかないと思えるのです。

川崎　このDVの問題は最高裁の破棄判決では検討されていなかったでしょうか。

本田　単なる不安定な面があっただけという見方で

す。

村上　控訴審と一審はそれなりの記録を見て、彼に不遇な面が影響を与えたと。犯罪に対して、ある程度人格形成に影響を与えた面が否定できない。それを最高裁は今回、全部否定しました。

守屋　虐待されたからといってみんな犯人になるわけじゃないという考えですね。

村上　いつもの裁判所の発想ですね。同じ親でも子どもへの接し方や実態は違いますのにね。

6　光市事件裁判から見えてきたもの

編集部　なかなか話も尽きないんですが、最後に一言ずつ今後の課題、今日話し足りなかったことでも、今日話して意味があったなと思うことでもいいので、ご発言ください。

取調室での取調官と少年とのコミュニケーションの行き違いに注目

浜田　事実として固められたかのように思っていることそのものが、実は捜査段階のなかで必ずしも証拠に基づかずに作られてきた。たとえばこれだけの事件が起こり、これだけの結果が起こってしまっていると、当然ながら被害者の遺族たちは処罰欲求を非常に強く持ちますし、なんとかして懲らしめたいということと同時に、謝罪もしてほしいということになります。そういう思いを捜査官もある意味で体現するというかたちでスタートしていますね。

そこのところで、実際どういう行為をどうしたのかということを証拠と照らし合わせながら取り調べをするというのは本来の筋だと思うんですが、その当たり前のことがなされてこなかったのではないか。これはいま裁判所で認定されているストーリーと死体の状況等が完全に食い違っているというところから、はっきり指摘できるわけですから、そのようなずれがどこでどのようにして起こったんだという指摘を、もうちょっと明確に、一般の人に知れるかたちで言うということがまず必要かなと思いました。

本件に限らず、現在の裁判のなかで、供述調書が提出されればその内容がすべて事実だみたいなかたちで捉えられていることに、ものすごい違和感と怒りを感じるんです。そうではなくて、その供述調書の形成過程のなかで、周囲が持つ処罰欲求と、それに基づく謝罪追及型の取り調べがこのストーリーを作ってしまった危険性があるんだということをいいたいですね。この事件では、性暴力ストーリーというのがまさにそういうかたちで大人のパターンの性暴力という枠組みのなかにはめられてつくられたものであるということは、証明されていると言ってもいいくらいです。

では、本件の実態はどうだったのか。たとえば母親に甘えたいというような心情が少年の根っこのところにあって、しかし一方で何らかの性的欲求が少年のなかにうごめいていたことは否定できないわけで、これが本件でも働いていると見るのが自然だと思うのです。この事件を、特別な人間が起こした特殊な事件として見るのではなくて、取調べの場で取調官と少年の間にコミュニケーションの上で大きな行き違いが起こった。そして、あちこちの冤罪事件で起こっているのと同じ構図がそこでも起こってしまった。そういう目であらためて見直すことが必要ではないかと思いますし、そのことを一般の人々にどうやって知ってもらったらいいのかという、そこがいちばん気になるところです。

メディアは事実の正確な報道と対等報道を

川崎　最初に申し上げたことですが、刑事弁護の自由という観点からこの事件をながめたときに、刑事弁護を見る社会の目の方に大きな問題が伏在しているのではないかということを感じています。今回の司法改革の動きの中で、被疑者段階から公的弁護制度を作ろうという段階で、適正弁護論という観点から刑事弁護を枠づけようとする考え方が法務省側から出されてきましたが、これは刑事弁護の自由の確保という観点から見て見過ごせない考え方だったわけです。そのような適正弁護論ではないけれども、刑事弁護を枠づけるという点では同質の、形を変えた適正弁護論が社会の中から登場しているのではないか、光市事件を契機とする弁護活動に対するバッシングはそう捉えうる現象ではないかと危惧しているわけです。

刑事弁護の責務は何かという点について、司法機関論と誠実義務論という二つの対立的視点があり、両者をどう位置づけるかという点について議論がなされていますが、誠実義務が刑事弁護の一つの軸であることはだれも否定しません。その誠実義務の観点から見ると、今日の座談会を通じて確認したことでもありますが、光市事件弁護団の活動は誠実義務を尽くしているものと評価できると思います。

問題は世間がそうは見ていないというところにあって、そのギャップをどう埋めるかということが大事なことだと思います。これは弁護団の責任というよりも、事件を報道するメディアの側に大きな責任があって、メディアには、光市事件に限りませんが、事実を正確に報道することと、刑事事件では特に対等報道をするということ、この基本姿勢を守ることが求められていると思います。余分な論評を抜きにしてメディアは事実の正確な報道と対等報道をしてもらわなければ困るということです。それも光市事件が残す教訓ではないかと思います。裁判員制度がまもなく実施されますが、光市事件の報道を一つの素材として裁判報道のあり方が根本的に検討されなければならないと考えています。

いろいろな圧力のもとでどう事実を見極めるか

守屋　裁判官の経験から言うと、この事件では一審で、情状鑑定というか、精神鑑定をきちっとやっていなかったというのがいちばん気になるところです。死刑求刑事件であれば、被告人が自白していても、精神状態を慎重に判断して判決するというのが普通の手法だったと思うんですが、本件では一審でそういうことをやられていないようです。特に性犯罪の事件というのはどうしても根掘り葉掘り事実を確かめるというようなことは、おたがいにあまり好ましくないというような雰囲気がありがちですから、少年の心理に即した詳細な言い分に対する十分な吟味を留意せずに、周りが大人の性常識のままに理解していったというところが、この事件の悲劇ではないかというように感じられます。そういう意味で、一審で鑑定をしなかったというのは、残念なところです。

裁判では、何が事実かということが核心です。事実で争うという発想が裁判の本質なので、本件のように性暴力ストーリーなのか、それとも心理的に危機的な状態でパニックに陥ったのかというように、事実がどうかということを見極めるのが、まさしく裁判の醍醐味でもあるように思うのです。この事件も、今そういうところに来ていると思うんですが、事実を裁判で確定していくということは、意外に周囲の抵抗を生むのですね。

戦後の刑事裁判の運用は、法廷闘争が激しかった労働刑事事件や公安刑事事件などの時代を経て、刑事裁判は、やはり事実をルールに則ってきちんと認定する、当事者が対等に議論する場であるという理解が、確立されてきたように思うのですが、覚せい剤の問題などに乗じた治安維持の要請や、最近では被害者側の意見とか、そういう裁判外のいろいろな影響を受けて、適正な訴訟手続に則って真実を解明するという、裁判を核心とする法律家の本来の仕事が見え難くなっているように思います。

戦前、治安維持法事件の弁護をして逮捕されたりしながら、現在では業績をたたえられている布施辰治弁護士の例を引くまでもありませんが、いつの時代でも法律家、特に弁護士は、いろいろな圧力のもとで試練に耐えなければいけないということだと思うのです。それがいま、被害者の意見のみならず、それを錦の御旗として、マスコミやネット社会の匿名意見などが、弁護人の仕事に冷ややかな目を向けているということですから、一時代前と比べれば、大変やり難い状況が生まれているように思います。しかし、そういう風潮を打開する意味でも、裁判の中で、本当の事実は何なんだということを明らかにし、世間的な誤解というか、証拠に基づかない誤解を解いていくということを弁護人としてはやらなければいけないだろうということです。そういう難しさを、この事件は、象徴的あるいは典型的に出しているんだろうという気がします。

事実を事実として主張することの大切さ

本田　この事件で、あらためて刑事事件の難しさ、事実の解明のありよう、弁護のありようの難しさをいま知ったというところです。この事件で学んだことを、刑事弁護に携わられる弁護士の方々へ、若い方々にどうやって伝えていくのかが私の年になると心配で、若い人が困難な刑事事件にも積極的に関わってもらいたいという思いで一杯です。これからもまだまだ彼との付き合いのなかで彼の更生を見届けるために、やっていかなければならないことはたくさんあります。

そういう経過のなかで刑事弁護、死刑弁護というのをもう一度おさらいして、何かを訴えていきたいと思っています。それは、間違った報道や一方的な報道の中でも、事実を事実として主張することの大切さを身にしみて感じたからです。。

十分な弁護ができる弁護体制の確立を

村上　僕は将来、裁判員裁判を考えていくうえで、弁護体制を考えなくてはいけないと思っています。どこの単位会でもそうですが、死刑が求刑される事件の場合、たぶん二人か三人くらいしか弁護士会は立てる用意がないのが実態だと思います。二人だけですと、多角的な議論がなかなかできない。マスコミからの批判に対応することも困難です。また、事実を本当に言っていくと、むしろ被害者の方を傷つけてしまうようなこともあるわけです。そうすると社会からのバッシングが強くなってきて、二人の弁護人で立ち向かっていけるのかどうか。いまは、バッシングがあろうが、記録読みなど負担であろうが、むしろ二一人いるから、事実に向かって黙々とやっていられる部分も正直言ってあります。これが二人か三人だったらなかなかというのが正直なところです。

日弁連でそういうことはみんな検討はしているんですが、なかなか刑事弁護それ自体の担い手が足りず、資源が少ない。刑事弁護それ自体が資源が少ないうえに死刑求刑刑事弁護になってきますと、もっと資源が少なくなってくる。この点を打開していかないと、いけないと思います。

刑事弁護におけるマスコミ等への対応とその危険性

河井　今日はこういった座談会に参加させていただきまして、まだ弁護団の取り組みが一般市民等に十分理解されていないということはつくづく感じましたし、それは弁護団の取り組みが不十分だったのではないかというご批判もあるでしょうし、あるいは今日お話が出たような母胎回帰ストーリーとか、言葉自体がひとり歩きしてしまっているわけですが、そういった言葉をもうちょっと慎重に弁護団のほうで使えばよかったのではないかというご批判もあると思います。そのへんは弁護団としても謙虚に受け止めて、さらに一般市民等にご理解いただけるように努力しなければいけないと思っております。

ただ、ひるがえって考えてみますと、刑事事件の弁護人がマスコミや世間や一般市民に対して弁護活動について説明して、その理解を得なければいけないのかという疑問もあります。私はそのような説明責任論、橋下徹弁護士が言っている説明責任論に与するものではまったくないんですが、こういった世間の耳目を集めるような重大事件になってくると、有効な弁護活動をするためには、マスコミ対策、一般市民、世間に対する理解を得る活動というのが重要な一要素として入ってこざるを得ない時代になってしまったのだろうか。そういうことも頭に入れたなかで、有効な弁護活動を模索しなければいけない時代になってしまったのだろうか。しかし、刑事弁護がマスコミ対策、一般市民や世間に対して理解を得ることまで考えなければならないとすると、被告人の正当な権利、利益よりも、そちらを優先するということになりかねず、極めて危険なことではないか。裁判員裁判のスタートを前にして、そのようなことを思っています。

編集部　光市事件について語るときに、一般的には「とにかく許せない」とか「弁護士が悪い」といった抽象的な気分というか雰囲気が支配的になっています。いったん、「真実」のように刷り込まれた誤った事実は、それが衝撃的であるほど、なかなか「実はそうではなかった」と思えないものですね。しかし、「証拠に基づいた事実」ということから、もう一度この事件をみつめなおしてみないといけないな、と思いました。この座談会の結果が光市事件についての新しい視点を読者の方々に提供できたらいいなと思います。さらに、光市事件だけでなく、他の事件にも応用できる刑事裁判のあり方、弁護人活動のありかた、といったお話もできたと思います。

長時間の座談会になりました。本日はどうもありがとうございました。

（了）

＊本座談会は、二〇〇七年一一月二四日に行われました。

被告人は心の底から湧いてくる言葉を明かすべきだ

光市母子殺害事件・差戻し控訴審を傍聴して

佐木隆三　作家

イギリスの文学者コリン・ウィルソンは、実存主義の立場から死刑廃止論者だが、その著書『殺人百科』（一九六八年六月、彌生書房刊、大庭忠男訳）で、次のように述べている。

「殺人には三つのタイプがあるように私には思われる。第一は、ごくまれである——挫折した生命力から生ずるもので、ある種の少年犯罪が挫折した若者の冒険精神から起こるのと同じである。少数のセックス殺人と、少数の政治的暗殺がこの分野にはいりそうである。つぎに、まったくの残虐性、苦しみに対する無感覚から起こる殺人がある。そういう殺人犯人は、ねずみをなぶる猫と同様に、犠牲者に対してまったくあわれみを感じない。文明は根本的に他の人びとにかかわって感じることを学ぶものであるが、この殺人者は、まさにその反対である。彼らは主としてギャングの中にみられる。もし犯罪者で死刑に値する者がいるとすれば、これらの者がそうであると言えるかもしれない」

それでは「光母子殺害事件」は、どのような犯行であったのか。一九九九年六月十一日付の山口地検の起訴状から、要旨を引用しておく。

被告人（十八歳）は、

①一九九九年四月十四日午後二時三十分ころ、光市室積沖田の本村洋方の居間にいた妻の本村弥生（二十三歳）を強姦しようと企て、背後から抱きついて仰向けに引き倒し、馬乗りになるなどの暴行を加えたが、大声を出して激しく抵抗したため、殺害して強姦しようと決意し、同女の頚部を両手で強く締めつけ、窒息死させて殺害した上、強いて姦淫し、

②同日午後三時ころ、長女の本村夕夏（生後十一か月）が激しく泣き続けたため、前記犯行が発覚することを恐れるとともに、泣きやまない同児に激昂して殺害を決意し、居間において床に叩きつけるなどした上、首に紐を巻き強く引っ張って締めつけ、窒息死させて殺害し、

③同日午後三時ころ、本村弥生が管理する現金約三百円および地域振興券約六枚（額面合計約六千円）など在中の財布一個（物品合計約一万七千七百円相当）を窃取した。

罪名は、①殺人・強姦致死、②殺人、③窃盗。

▩
▩
▩

犯行現場は、新日本製鐵光製鉄所の社宅だった。その昔、わたしは八幡製鐵（新日鐵の前身）に勤務し、広報マンだったころ、何回か光製鉄所へ出張している。そういう個人的な事情もあり、初めから事件に関心をもち、山口地裁の公判も傍聴した。

このとき思い浮かべたのがコリン・ウィルソンの分析で、光市におけるセックス殺人は、挫折した若者の冒険精神から起きたといえる。そうして犯行の態様は、ねずみをなぶる猫と同様に、犠牲者に対してまったくあわれみを感じていない。被告人はギャングではないけれども、死刑に値する者と言えるのではないか？

しかし、二〇〇〇年三月二十二日の一審判決は、検察官の死刑求刑に対して、「矯正により罪の償いをさせる」と、無期懲役であった。「殺害自体に計画性がなく、犯罪的傾向が顕著であるとはいえず、当時十八歳と三十日の少年で内面が未熟であり、なお発育過程の途上で更生可能性がないとはいい難い」と、判決理由で認定している。

判決文の朗読は、わずか二十数分だった。過去の年長少年（十八歳以上二十歳未満）への判例をあげ、千葉県市川市の「一家四人殺害」に比し、こちらは被害者が二人だから、同一視することはできないとした。わたしは翌日の毎日新聞に、「情理に欠ける判決文」と題して傍聴記を書き、「量刑の選択に異を唱えるつもりはないが、納得がいかないのは、理由の説明があまりにも安直なことだ」と批判した。

この判決に検察側が「真摯な反省も窺えず更生の可能性はない」と控訴したが、二〇〇二年三月十四日、広島高裁は「殺害行為に計画性がないこと、一回の機会における犯行であることなど、情状においても被告人のために酌むべき点があるから、検察官の主張は当を得ない」と棄却した。

二審で注目されたのは、遺族の本村洋さんが法廷で意見陳述し、被告人に「私が君を許せないのは妻と娘の最期の時を、家族と過ごさせてくれなかったことです」と、語りかけた点である。遺族の被害感情は、それまで検事調書で間接的に述べられていたが、初めて直接的になされた。しかし、判決文では「遺族が極刑を望む心情は十分理解できる」と触れるにとどまり、わたしの傍聴記の見出しは、「理由なし、説明なし、高みの司法」だった。

■ ■ ■

二〇〇六年六月二十日、最高裁第三小法廷が、「原（二審）判決の刑の量定は、甚だしく不当であり、これを破棄しなければ、著しく正義に反する」と、広島高裁に差し戻した。わたしの脳裏をよぎったのは、一九八三年七月八日の最高裁判決で、「永山則夫事件」の一審の死刑判決を、無期懲役に減刑した二審判決に対して、「これを破棄しなければ、著しく正義に反する」と、東京高裁に差し戻したことである。

結果として、一九八七年三月十八日、四審の東京高裁が死刑を選択し、九〇年四月十七日、五審の最高裁が支持して、ガードマンなど四人を射殺した永山則夫（犯行当時十九歳）の死刑が確定する。『死刑囚永山則夫』（講談社文庫）の著者として、「光母子殺害事件」の被告人が、同じ道筋をたどるのを見るに忍びない。

とはいえ最高裁は、「本件において死刑の選択を回避するに足りる、特に酌量すべき事情があるかどうかにつき、さらに慎重な審理を尽くさせるため」、広島高裁へ差し戻したのである。そうであれば、四審の審理に注目すべきだろう。

■■■

二〇〇七年五月二十四日から、広島高裁で差し戻し控訴審が始まった。わたしは北九州市門司区に住んでいるから、新幹線で小倉から広島まで一時間足らずである。新聞社の世話になり、十二月四日の第十二回公判（弁護側最終弁論）まで、欠かさず傍聴することができたが、砂を噛むような思いをさせられた。

初公判で驚いたのは、弁護側の「新主張」である。検察側は初めから、「犯行当日は美人の主婦を物色しようと考え、排水検査を装って何戸かの家を訪れた」と主張し、一・二・三審判決は、そのように事実認定してきた。

しかし、弁護側によれば、真実は次の流れだという。

「高卒で水道工事会社に就職したばかりの被告人は、会社をサボって朝から友人と、テレビゲームに興じていた。その友人が途中で外出したので、暇つぶしにママゴト遊びを思いつき、「排水検査をしています」と社宅アパートを訪ね歩いたら、赤ん坊を抱いた本村弥生さんがやさしく迎え入れてくれたので、トイレの水を流すなどした。

被告人が中学一年生のとき、母親が自宅で首吊り自殺をしている。父親の虐待が原因であり、長男として切ない日々を過ごしていた。その母親像とイメージが重なり、赤ちゃんとテレビを見ていた背後から、弥生さんに頭を撫でてもらいたいと思い抱きついたところ、予想外の抵抗をされてしまい、「実母は暴力をふるう人ではない」とパニック状態になり、仮死状態にした。するとハイハイをした夕夏ちゃんが、母親に泣きすがった。あやそうとして抱き上げたけれども、取り落としてしまい死なせた。そのあと押し入れの天袋に入れたのは、「ドラえもんが四次元ポケットで、生き返らせてくれる」と思ったからだ。

それから弥生さんの様子を見ると、脱糞をしていた。首吊り自殺した実母も脱糞していたから、浴室のバスタオルで拭き取っているうちに、勃起していることに気づいた。自殺未遂をくりかえした実母は、「お父さんと離婚したら、あんたと結婚して可愛い赤ちゃんを生んであげる」と言っていた。そのことを思い出して、母胎回帰のように性行為に及び、射精して快感があった」

これらの「新主張」は、弁護側の要請で心理鑑定をおこなった大学教授が、被告人から聞き取った内容から、組み立てられたという。したがって大弁護団がストーリーをつくり、被告人に教え込んだとの非難は当たらないようだ。しかし、被告人質問で死姦について裁判官に、「山田風太郎の小説『魔界転生』に死んだ女性に精液を注入すれば生き返るとあったから」と答え、「そのあと胸の鼓動や脈拍を確かめたか」と念を押されると、「何もしていません」と素っ気なく、馬脚をあらわしたように映った。
弁護団は法医学鑑定に依拠して、「一・二審判決が認定する各殺人、強姦致死について重大な事実誤認がある」と強調した。ところが最高裁は、「その指摘は、他の動かしがたい証拠との整合性を無視したもので失当であり、弁護人らが言及する資料等を踏まえて検討しても、事実誤認の違法は認められない」と、すでに一蹴している。
そうであれば、被告人は大弁護団に頼るのではなく、心の底から湧いてくる言葉を明かすべきだった。そうして「生きて償いたい」と訴えれば、人々の魂に響いたかもしれず、残念というほかない。判決期日は二〇〇八年四月二十二日に指定されたが、わたしにとって虚しい限りである。

（さき・りゅうぞう）

プロフィール
佐木隆三（さき・りゅうぞう）
作家。一九三七年生まれ。八幡製鉄所（新日鉄）勤務時代の一九六三年に『ジャンケンポン協定』で新日本文学賞受賞。退社して文筆業に専念。実在の連続殺人鬼をモデルとした『復讐するは我にあり』で一九七六年に直木賞を受賞。現在、北九州市立文学館の初代館長。

被害者・遺族も、被告人も救われる可能性

光市を歩く

毛利甚八
ライター

大分県にようやく秋らしい気候が訪れた十月の下旬、私は干潟のある町を発って国東半島の対岸にある山口県徳山市に向かった。

国東半島の北部（地図上のてっぺん）にある竹田津港から、大型トラックを十台ほど運べるフェリーボートに乗ると徳山港までは約二時間の航海だ。北九州市から大分までの沿岸部は高速道路が未発達で、陸路を行くには時間の浪費と渋滞の苦痛が伴う。だからフェリーボートは昼夜を問わずに運行され、けっこう繁盛している。

北九州、博多、鳥栖、熊本と続く筑紫平野一帯がきめこまかに基盤整備されているのに比べ、

九州島の東海岸は鉄道も道路も貧弱この上ない。地形の問題もあるけれど、あきらかに政治的な背景があって、大分、宮崎は近代に役に立たない愚図の三男坊として後回しにされてきたのである。

こうした土地の歴史は、意外に人の生き方に食い込んでいると私は思う。

■ ■ ■

私は国東半島の対岸にある徳山市になにがあるのかをおおよそ知っている。

九州を出て都会に出たことのある私にとって、徳山は印象深い土地だ。鉄道で九州と東京を往復する度に、車窓の外に不意打ちのように徳山が現われる。

銀色の巨大なタンク、その周りに絡みつく無数のパイプ、空に突き上げられた煙突と真っ白にたなびく煙。窓の外に、戦艦のブリッジのような、できそこないのロボットのような、または真空管ラジオの内部をのぞき見るような、巨大で複雑きわまりない構造物の連なりがあらわれる。それは昭和三十年代に通産省が計画した石油化学コンビナートに関連する工場群の風景で、徳山は列車がもっともあからさまに瀬戸内工業地域に接近するポイントなのだ。

あの事件の起こった山口県光市は、徳山市から東へ十数キロ進んだ海沿いの町だ。徳山から光市に向かって車で走ってみると、海岸線のほとんどは企業の占有物である。中国地方沿岸の各港から大きな資本が上陸し、その周辺に関連企業が事業所を広げていく。そのようにして石油や鉄鋼に関連する企業の、地味で大振りな建物が連続している。灰色にくすんだベージュ色の町並みだ。

国東半島の小さな漁村や田畑のなかに点在する民家を見慣れた目には、徳山市の町並みは産業が風土そのものを丸呑みしてしまった奇怪な怪物のように見える。その町並みを眺めながら光市へ向かった。

事件のことを念頭に置いて、土地を眺めろと言われても、すっきりした答えなど出ないのはわかっている。個別の具体的事件もまた、その町で暮らす人の日常がその土地のありように規定されているように、どこかでつながっているだろう。ただ、詳しくそれを述べたところで、誰かが救えるとは思えないし、誰かの正義を裏打ちできるものでもない。当事者を傷つけるだけの世迷言に見えるかもしれない。

びくびくしながら、畏れながら、それでも歩いてみる。町を見る。これまで通り過ぎた土地の、何十何百の風景と重ね合わせる。その土地で何が失われ、何が生まれてきたのかを考える。たとえ間違っていたとしても、考えてみる。それしかできないのである。

■■■

光市に到着したのは夕方だった。国道一八八号線沿いにぽつりぽつりと明るく光を放つ店舗がある。九州一帯に広がっているファミリーレストランが一軒、パスタやピザを提供するややマイナーなファミリーレストランが一軒。携帯電話の営業所がちらほら。国道から百メートルほど入った場所にショッピングモールがあって、スーパーマーケットの他に百円ショップや書

海から眺めた徳山市の石油コンビナート群の一角。光市は徳山市から連なる工業地帯の一角となっている。

店が並んでいる。

「やっぱりなぁ」とため息が出る。昭和から平成にかけてだらだらと都市化が進んできた地方の一画に、そうした新しい消費の形が華やかに埋め込まれて、人々がそこを回遊しながら生活を組み立てていく。日本全国のあらゆる地方で、食や娯楽が平準化していき、収益はそれぞれの土地から本社のあるどこかへ持ち去られる。地方特有の文化も習俗も生き方も消え去って、二流、三流の「東京っぽさ」がより大きな流通機構によって撒き散らされる。それが、ありふれた地方の今である。

光市の中央部には、島田川という川が流れていた。流域面積は約二六三平方キロメートル。岩国市の山間部から周南市を経て、三十キロメートルほどを流れて瀬戸内海に注ぐ、なかなか立派な川である。その左岸の河口付近には新日鐵住金ステンレス株式会社の広大な工場が広がっている。

その土地には、かつて光海軍工廠があった。

昭和一五年に開庁したこの兵器工場は、敗戦までの五年間に砲身、砲塔、弾丸、機関銃、大砲、魚雷、人間魚雷、爆弾、艦船用のエンジンなどを作っていた。

海軍省は二つの小さな村の住民を移転させて七八〇万坪を買収し、最盛期には約四万人を雇用する工場を次々に建設、海軍工廠を中心とする市街を形成した。大規模な土地を買収できること、島田川の水を使えることが工場建設が推進された理由だった。こうして静かな農村地帯

光市の中央を流れる島田川の河口の脇に光港があり、港は新日鉄グループの工場の積出港となっている。海岸線を広大な工場が占めているが、周囲を並木が囲んでおり、工場の全容は見えなくなっている。

が瞬く間に人口八万人の光市へと変身したのだ。

戦時中の光市は、海軍工廠一人に依存する町だった。皮肉なことに、この工場群は昭和二〇年八月一四日、玉音放送の前日に空襲を受けた。敗戦によって海軍工廠が閉鎖になると、徴用工・動員学徒・工員が次々と町を離れ、人口は三万人たらずに減少した。町には海軍工廠で働く人々のための住宅・寮が二千百戸もあったため、外地から引き揚げてきた身寄りのない人々が空き家となった住まいに次々と移住するようになった。

そのため《要保護世帯が急増し、「光なき光市」とか「失業者の町」》と呼ばれるほど零落してしまう。当時の新聞によると《光市は人口の約四分の一を引揚者・戦災者で占め、人口の約一割が失業者》（昭和二四年）というありさまだった（データは『光市史』〔昭和五〇年発行〕による）。

この窮乏を逃れるためには、海軍工廠跡地に有望な企業を誘致して産業を興す以外にない。戦後に市制を担った人々がそう考えたのは自然な流れであったろう。その結果、まもなく武田製薬工業株式会社が海軍工廠跡地の東側に工場を建設し、昭和三〇年五月には八幡製鐵光製鐵所が島田川左岸の工廠跡地西側に発足した。以後、光製鐵所は二回の合併をへて新日本製鐵光製鐵所となり、現在は新日鐵住金ステンレス株式会社鋼管部に分社されている。

事件が起こった翌年の平成一二年、光市の就業者の数は二万六千人あまり、その二七％にあ

島田川中流の三井橋のふもとから、三井方面をのぞむ。島田川の河口から上流に向かって都市化が進行しており、農村地帯を新興住宅が次第に呑み込んでいることがわかる。

たる約七千人が製造業の雇用者であった。その平均給与額は約六五二万円。光市内の総生産額の六割近くを製造業が占めている。

この町は日本帝国海軍の手によって変貌し、その基盤を企業城下町とすることで生き延びてきた町なのである。

■■■

翌日、私は島田川沿いの道を上り下りしながら、町の風景を読み取ろうとした。河口から源流に向かって車で走っていくと、一時間ほどの間におもしろいように風景が変わっていく。河口の工業地帯、国道沿いの商業地帯、海沿いの集合住宅群、一戸建ての住宅地帯、兼業農家の田畑と一戸建て住宅群が入り混じる町並み、古い農家が世代交代をしながら農村集落の形を維持している一画。

まるでタイムトラベルである。おそらく河口（海辺）から源流部に向かって、最奥部に見られるような農村の風景がじわじわと後退していったのだろう。

この町を眺めながら、私は次のようなこと考えていた。

かつての農村は人と人、家と家が結ばれてあることで平和を保っている社会であった。その年々の気候の変化に翻弄されながら農作物を育てて生きるしかない人々にとって、稲を育て、野菜を育て、日々の糧を得る以上の大きな富を蓄えることは難しかった。一戸の農家の能力を超える、洪水など自然災害への対応、恵みをもたらす自然を慰撫するための祭り、道や用水路の保全、家の改築などは、つねに他人の力を借りて協働しなければならなかった。近隣に住む人々は、それぞれの人間の力を貸し借りした記憶によって関係を調整していた。いわゆる結（ゆい）と呼ばれる制度だ。

そうした農村に生きる人のモラルとは、なによりも近隣の人々に迷惑をかけず、怒らせないことが基本だっただろう。そうした近隣の人々を基準とした道徳を束ねる概念が「世間」だった。「世間」という眼差しによって、自分の行動を律する。律することができなければ、共同体から離脱しなければならない。そこには共同体からはじき出され、自分を含めた一家が飢えるというリアルな罰の感覚があったように思われる。そして、罰の意識以上に人間の力を寄り合わせて生きていく社会では、ある協働の現場に出向いて働く一人の力が周囲から当てにされ、頼られる喜びもあった。

そのような人生観を育てた農村の人々が、日本各地の工業地帯へ移動し働くようになるのは昭和三十年代のことである。高度成長期を支えたのは金属・機械・化学工業の三分野とされているが、そこで働いた人々の情操を教育したのは農村の文化だったと考えてもよいのではないだろうか。

だとすると、こんな疑問が生まれてくる。

農村の青年が工業地帯に移動し、そこで暮らし、やがて家族をつくる。工業地帯の集合住宅や家で子どもが生まれる。その子どもたちのモラルを育てたのは誰なのだろうか？　モラルを醸成するシステムそのものが、生活環境のなかにあったのか?

日本の高度成長を支えた工業都市は、数百年かかって農村で形成された農民の秩序感覚を利用して利益を生み出していったけれど、都市生活のなかでモラルを改変し、人の心に植えつけることを完全に失念していたのではないか?

おそらく、「世間」の代わりに学校がその機能を補完することを期待されてきたのだろうが、非行少年の多くは小学校・中学校という初等教育機関で厄介者として扱われ、高校の段階で外にはじき出された例が多い。教育を通して社会に疎まれる不遇感を根づかせ、社会を敵だと考えるようになった少年の場合、彼の心に「個人と社会のほどよい距離」や「社会との連帯感」を育てるのはたいへん難しい。

彼らの多くは自らが罪を犯して刑法をもとに自由を奪われた時に初めて、法律の概念やその実行力の凄まじさと向き合うことになる。非行少年は、逮捕、勾留、裁判といった自分の置かれた状況をぽかんと眺める浦島太郎そのものではなかろうか?

そこにいるのは農村のモラルから切り離され、産業社会に労働能力や消費能力を選別されることでしか居場所が確定しない漂流者だ。

▩ ▩ ▩

光市の母子殺人・強姦致死事件はさまざまな問いかけを放ちながら、差戻控訴審のただなかにある。

妻子を失った遺族である男性が、テレビ画面に映る。その厳粛でストイックな表情に圧倒される。加害男性に、弁護団に、司法制度に向けられる厳しい言葉に身が縮むような思いを抱くのは私だけではないだろう。

加害男性がもたらした穏やかな女性と乳児の死を思うとき、量刑の相場や情状という罪の秤を加減する部品がひどく陳腐に見えることも確かである。

遺族男性は妻子の受けた惨たらしい運命に見合った量刑を求めている。

死刑となって自分の生命の終焉を間近に感じることが、被害を受けた妻子の痛みを知る条件である。命を失う恐怖と絶望のなかから、反省を学び取って欲しいと被害男性は言う。

もっともなことである。

被害男性の言動のなかに、正義を感じる多くの人々が、匿名のまま、インターネットを使って被告人の実名を晒し、友人に送ったとされるゾッとする内容の手紙を公開し、弁護団を嘲笑している。

しかし、被告人の公判での言動に怒りを感じる人たちは、知らぬ間に被告人に与えられた能力を自分と同程度であるという仮定で罪や弁解をみつめているように感じる。遺族男性が求めている反省と贖罪の気持ちが根づくためには、被告人の心が成熟することが最低条件だ。

この事件は被害の重大さのために検察官送致となっているが、事例としては少年事件である。弁護団の資料を通読し、そこから死刑判決に抵抗するための恣意的な読み取りを排除してみる。

そこに残っているのは、被告人が不幸な家庭で生育し、学校生活のなかでも輝くことができなかったという事実である。

私はある少年院で篤志面接活動を行っているが、その体験から言えば、被告人の内面は「からっぽ」かも知れないと感じている。

保護者の原初的な子育てが十分でなく、初等教育に乗り損ねた少年たちに、初対面から「一個の人格」を期待することは難しい。人格を当てにしてつきあい始めると、さまざまな場面で腹を立てなければならないのである。

人間の育ちや生活は、すべてが関係の網でできている。内面が未熟な少年たちには、労働であれ芸能であれ、ある文化の型式にすっぽりと嵌まってうまくいく、という成功体験を繰り返させて生き方を学ばせるしかない。ある関係の網のなかで、居心地がよいと感じること。そこで自分が尊重されていると安心できること。そこに帰属しつづけたいと願うこと。ここに属していなければ生きていけないと感じること。そこで初めて他者の意識が想定され、モラルが発芽する。

その上で、自分の行動や言葉に反応した、周囲のさまざまな仕草、感情、言葉を吸収し考えることによって、自分をコントロールして生きることを学ぶことができる。

▒ ▒ ▒

遺族男性をあれほど絶望させ、怒らせているのは、被告人の内面の手ごたえのなさであろう。

他者から奪った人生の輝きが、被告人には見えていないから、奪った罪の深さがわからない。わからないままに、自分の行動原理を説明しようとするから「天袋に入れました。当時押し入れの中にドラえもんの存在を信じていたので、ドラえもんが4次元ポケットで何とかしてくれると」(二〇〇七年六月二七日、弁護側の被告人質問)という奇妙な話になるのだ。

被告人は十八歳の事件発生以後、未決囚として拘置所に八年間暮らしている。その八年の間に、少年院の矯正教育を受けていれば、もう少し違った人格が育ち、遺族男性の苛立ちは減少したのではないかと残念に思うのである。

被告人を少年審判にかけなかったことを批判するつもりはない。刑事裁判にかける間に、たとえば医療少年院などに身柄を預けて、法廷審理の合間に矯正教育をおこなうことができなかったのか。法の裁きを受けて、その罪を自覚できるだけの人格と社会意識を育てることはできなかったのか?

少年院が万能の教育機関だと主張するつもりはないが、収容者の心に対する働きかけの多さは刑務所や拘置所とは比べ物にならない。

少年院に収容された被告人は、小学校で学びそこねた漢字や作文の書き方を復習することになっただろう。毎日、日記をつけ、課題作文を書かされるうちに、罪を犯した自分の姿を反芻することにもなっただろうし、つまらぬ言い訳や言い逃れをするだけでは責任を逃れられないことを個別担当の法務教官とのやりとりで感じとることもできただろう。被告人にとって法務教官は父であり、兄である。法務教官の仕草や言葉の向こうに、おぼろげながら社会の姿が見えることもあると思う。

その成果がどうであったかはケースバイケースであり、保証できるものではないけれど、拘置所に留め置かれて労働や学習の機会もなく、人と会うのは弁護団と裁判について相談するため、という生活よりも、少年院の暮らしのほうがはるかに起伏に富んで、被告人の世界観を変える機会が多かっただろうと思われる。

私は少年院に送れば罰が軽くなるから、こう論じているのではない。たとえ死刑であれ懲役刑であれ、被告人がより人間らしく変化して罰に服するほうが、被告人にとっても、被害者と遺族にとっても救いの可能性が開けると考えるからだ。

逆説的な皮肉だが、いったん事件が起きてしまった後は、被害者の死の価値を左右するもっとも大きな要素は被告人の人格である。被告人の人格が荒廃している時、被害者の死はいっそう惨めで無価値なものになってしまう。そこで遺族は二次的な被害を受ける。

被告人を死刑にすることは、国民に対して国家の厳しい顔を見せつける側面が強くある。被害者と遺族が慰撫されることにつながるかどうかは微妙である。

被告人の死に方は国家にとって何の関係もないことだが、遺族にとっては被告人の死に様こそが重要となるのではないかと思う。罪の深さを意識し、死を怖れながら、被害者に詫びながら死んでもらわなければ、償いにならない。

この事件と裁判をめぐる騒動が示しているのは、被告人と遺族男性の間にあるモラルの断層である。モラルの断層を埋める工夫なしでは、遺族男性の心のざわめきが鎮まるとは思えないのだ。

刑法は近代国家を成立させるために輸入され改造された秩序維持の物差しだが、それを十全に機能させるのは共同体とそこに生きる人々が日々つくりだしている「共に生きている意識」である。「共に生きている意識」のなかに善悪の基準があってこそ、被告人の反省も生まれるし、法廷で裁判官や検察官の発する言葉が働いていく。

私たちは、今、社会のなかで、その意識を育てながら生きているのか？ そうした社会意識を育てられなかった犯罪者を殺して、悪い心を潰していけば、社会は安寧に向かっていくのか？ 被害者と遺族の心は救われていくのか？

私が光市の風景を眺めながら思ったのは、そういうことであった。

プロフィール
毛利甚八（もうり・じんぱち）
一九五八年、長崎県佐世保市生まれ。現在、大分県豊後高田市に在住。旅と日本をこよなく愛するライターおよびマンガ原作者。主著に、『家栽の人』（原作、小学館）、『宮本常一を歩く（上・下）』（小学館）、『裁判官のかたち』（現代人文社）などがある。

「公益」色あせる検察

光市母子殺害事件と被害者の存在感の高まり

菊池 歩

ジャーナリスト

「一緒に戦う」

光市母子殺害事件で山口地裁が無期懲役判決を出した二〇〇〇年三月二二日、報道によれば、担当検事は遺族の本村洋さんに言ったという。「私たちは最後まで戦うから、一緒に戦ってほしい」。検察官にとって死刑求刑は軽いことではなく、死刑求刑が一審で退けられた場合に控訴しないという選択は実務上まずない。控訴しなければ「簡単にあきらめるようなつもりで、人命を奪う刑罰を求めたのか」という批判を受けることは火を見るより明らかだ。

だからこの段階では本村さん本人の意向がどうであれ、検察官が控訴することはほぼ決まっていたと言っていい。だが検察官が言った「一緒に戦う」とはどういうことか。この検察官の本村さんに対する気持ちや思いはもちろん強いものがあったのだろうが、本来、検察官は「公益の代表者」（検察庁法四条）と規定され、その意味では被害者の立場と完全に一致するわけではない。事実、多くの刑事事件で被害者側は裁判所の判決だけでなく、検察官による刑事処分や求刑にも不満を持っている。その理由でもあるが、一般的に検察官は検察官なりに被告人の事情を酌んで求刑をするし、「弁護人があまりに駄目なのでこっちの被告人質問で救済するしかなかったケースもある」と話す検察官経験者もいる。

だが光市事件では、検察官があえて本村さんに「一緒に戦ってほしい」と話したという。「検察官は被害者遺族のために刑事司法に参加している」という意識を強くうかがわせるエピソードだ。これは光市事件だけではない。一九九五年にオウム真理教事件で検察がフル稼働し、担当検事や検察事務官が休みもなく朝から深夜未明まで働く悲惨な勤務実態になっていたときに「被害者の調書を読むことで、自分を奮い起こした」という検事たちの話が伝えられている。「被害者とともに泣く検察」という言葉もよく聞く。被害者のつらい思いはまことに尊重すべきものだが、それをぶつける先が刑事司法や刑罰ならば、必然的に可能な限りの厳罰に向かわざるを得ない。検察官としては、困っている人、苦しんでいる人のためになる仕事をしたいという善意から出たものだとは思われるが、これまでの検察官の公益意識の規範から少しずつずれていることもまた指摘せざるを得ない。昨今の死刑増加、厳罰化傾向はこうした「被害者のための検察」という意識がもたらしたものとみることができる。

遺族に説明拒否、批判集中

検察庁が近年、被害者、遺族尊重を強調する切っ掛けになったのは一九九七年の「片山隼君ダンプ事故」だろう。東京都世田谷区で同年一一月にダンプにはねられ、亡くなった片山隼君の両親は、事故現場から走り去った約四〇分後にひき逃げ容疑で逮捕された運転手の不起訴処分を全く知らされなかった。事件処理がどうなっているのか不安になり、翌年一月東京地検を訪れてようやく不起訴だったと知る。理由の説明を求めたが対応した職員は「答える必要はない」と答えた。

この経緯をマスメディアが報じはじめ、検察の対応が不条理、傲慢だというキャンペーンに結びついていく。批判を受け、被害者に加害者の刑事処分を通知したり説明したりという改善策を導入することになった。

同時に、隼君の事件そのものも不起訴処分に問題がなかったか調べるため、高検に対する両親の申し立てを受ける形で再捜査。運転手が現場からそのまま去ったことがひき逃げかどうかは「はねたと気づかなかった」という運転手の主張を覆す証拠はないとし、嫌疑不十分で不起訴としたが、事故を起こした不注意から業務上過失致死罪で起訴した。

このときの検察に対する世論の非難は当局にとって予想を超えるものだった。もともと検察組織は批判に慣れていない。警察も強大な組織だが、捜査実務では検察の指揮に服するし、生活安全や交通安全のキャンペーンで行政やマスメディアとタイアップしなければならない場面は多々ある。これに対し、検察を押さえつける組織は事実上ない。警察ほどには市民と接する場面がなく存在が知られていないこともあり、世論に叩かれることがあまりない。隼君事件の処理をめぐって批判が巻き起こったことは、検察にとって「金丸上申書問題でペンキを投げられたとき以来の大きなショック」（検察内部に詳しい関係者）だった。以来、犯罪被害者の存在を検察はそれまでよりはるかに強く意識するようになる。

岡村弁護士の妻殺害事件と「あすの会」

ほぼ同時期、一九九七年一〇月に発生したのが、山一証券の代理人弁護士だった岡村勲さんの妻が自宅で刺殺された事件だ。逮捕されたのは証券取引で大損をした元顧客で、損失補填を拒む同社の対応に憤っていたことが動機だという。岡村弁護士は殺人事件被害者遺族となり、その苦しみを知ったことから犯罪被害者運動をスタートさせ、代表を務める「全国犯罪被害者の会」(「あすの会」)は被害者の権利運動で最大の潮流になる。

運動は犯罪被害者への経済的な支援に加えて刑事司法に被害者の意見を反映させるという視点を強く打ち出した。「刑事司法から被害者が排除されている」という主張だ。隼君事件に見られるように、検察が被害者との対応面で冷淡な姿勢を取っていたことと相俟って、この主張は世論の理解をかなりの程度得る一方で、被害者の気の毒さに注目が行くあまり、刑事司法とは、あるいは刑罰とは何かという議論を深める過程を経ることはなかった。被害者が個別の事件で厳罰を強く求める動きが注目されるようになり、それは検察に対しさらなるプレッシャーになった。

死刑上告五事件

片山隼君や岡村弁護士の妻の事件が起きた一九九七年から翌一九九八年にかけては、さらに別の動きが検察で起きていた。高裁段階で無期懲役となった殺人事件五件について、検察官が死刑を求める異例の上告をしたのである。

光市事件のように検察官の死刑求刑が容れられず無期懲役となったことを不服として、事実上量刑を争うために最高裁に検察官が上告することはまずない。上告理由は、本来の最高裁の役割である憲法、法律の問題があったり判例違反があったりするケースが原則で、例外的に量刑などについて「著しい不正義」となる場合があるだけだ。もっとも「著しい不正義」の基準は明確ではなく、検察は死刑を求める上告の理由を「判例違反」にも求めるが、こうした事情から検察官が死刑を求めて上告することは特別な意味を持つケースでしかない。

一九九七年から一九九八年の死刑上告五事件の場合は「寛刑傾向」に対するアピールだった。当時は今と違い死刑判決の数が減る方向にあり、検察幹部の間では「刑が甘くなる傾向が強まっている」という危機感が大きくなっていた。とりわけ、複数の被害者が出た事件、殺人事件を犯して服役後、仮出所中にまたも同種の殺人をした事件などでも無期懲役になるケースに検察は量刑基準の変化を感じ、五事件を選んで異例の上告に踏み切った。

最高裁の判断は、四件が高裁の無期懲役支持で、無期懲役が破棄されたのは一件だけ（その後死刑確定）にとどまった。無期懲役破棄の一件は一審死刑、二審無期懲役と判断が揺れたケースで、無期懲役支持の四件はすべて地裁・高裁とも死刑を回避した事件。事件の内容についての判断に加え「地裁、高裁とも無期という判断をしたものを最高裁が死刑にすることには非常な抵抗がある」という声が当時、裁判所内部にもあったという。

五件の結果が出そろった一九九九年末、最高検の次長検事は「死刑に対する国民の意識をどう認識するかについて、検察と裁判所の間に多少開きがあったようだが、最高裁の判断が示された以上、今後はこれらの判断がこの種事件の検察運営に反映される」とのコメントを出している。光市事件で山口地裁の判決が出るのはこの三カ月後だ。

とまどいの声も

この一〇年間、刑事司法での被害者の存在感は高まり、検察官の職域に被害者が同居するようになってきた。二〇〇〇年に成立した犯罪被害者二法で被害者の意見陳述権が認められた。二〇〇四年には刑法、刑訴法が改正されて重大犯罪の法定刑が重くなり、公訴時効が長くなった。同時に制定された犯罪被害者基本法を受けて司法への「被害者参加」が計画され、二〇〇七年の法改正によって被害者が検察官の横に座って被告人に質問したり証人尋問をしたりすることができるようになった。

ところが、こうした被害者参加については検察を含む司法当局内からも歓迎の声が少ない。「本来、そういうものではない。世論の力に押された」「被害者参加を強く求める被害者の人たちの声が一時期非常に高まったのが大きい。本当はどうかと思う。導入の流れが決まった後になって、被害者の人たちも含めて慎重論が急に出てきたのだが、遅すぎた」という声が漏れてくるのである。

被害者運動が、厳罰に偏りすぎているという声が検察幹部から聞こえてくることすらある。「交通事故で、ドライバーの過失がほとんど認められないケースでも、被害者が亡くなれば遺族は嘆き悲しむし、ドライバーに怒るだろう。だが、求めに応じて起訴したり実刑にしたりすることが果たして正義なのだろうか。被害者の方たちだって、自分に落ち度がごく少ない交通事故を起こしてしまう可能性は常にある。飛び出し事故などだ。その時、厳罰を受けてもいいのだろうか」。

その一方で、凶悪事件とされるようなケースで死刑が増えること自体には、あまり重大な抵抗があるようには見えない。被害者の声に検察官の仕事が左右されることには不安や違和感を感じているものの「死刑の選択は結局、国民の意識とみるほかない」ということのようだ。

（きくち・あゆむ）

世の中に伝えるべき対象は「被害者・遺族」だけなのか

「光市裁判報道」はもう一度「差戻し」てやり直す必要がある

綿井健陽

ジャーナリスト

避けて通れないメディアの問題

広島高等裁判所の三〇二号法廷で続けられた「光市母子殺害事件」の差戻し控訴審（以降、「光市裁判」と呼ぶ）は、二〇〇七年一二月四日の弁護側最終弁論で結審した。五月から始まったこの公判は、被告人質問や法医・精神鑑定証人尋問などの連続三日間の集中審理方式を中心に合計一二回を数える。毎回の集中審理最終日には被害者遺族男性の記者会見が行われ、被告弁護団側の会見も行われた。

私自身は時間帯が重ならなければ両方の会見に出席した。しかし、会見が同じ時間の場合はほかの報道陣と違って、弁護側の主張や会見を初公判以降ずっと追い続けた。遺族男性の声は、後からテレビや新聞でその詳細が確認できる。一方、弁護側の主張や説明はテレビや新聞メディアではほんのわずかの断片しか知ることはできない。

この公判には毎回一〇〇〇人近くの傍聴希望者（一般傍聴席は三五席）が広島高裁に列を作ったが、実際にはその半分以上は地元テレビ局や新聞社の傍聴券確保のための動員だ。したがって一般傍聴席もほぼすべて報道関係者で占められた。私は、その動員で取ったマスメディアの傍聴券のおこぼれを、地元メディアの知り合いから譲ってもらって、何とか傍聴できるという立場だった。それでもってこれから「メディア批判」を書くという、何とも居心地の悪い立ち位置だ。だが、この光市裁判の問題や本質を知るためにも、メディアの問題を避けて通ることはできないので、覚悟を決めて書く。

現実の裁判とテレビの中の「裁判」との落差

公判を傍聴し、双方の会見を終えて、裁判所近くのホテルの部屋に戻ってテレビをつけると、たいていはちょうど夕方のニュースの時間帯か、あるいはその後の夜九時以降のニュース、そして翌朝のニュースをいくつか見ることになる。ホテルの部屋の小さな二〇インチのテレビモニターに映し出される法廷の様子ややり取り、ナレーション・テロップでの説明、会見での双方の主張、そしてスタジオで展開されるキャスターやコメンテーターの感想や論評……。本来ならば何かしらの既視感や共感を覚えてもよさそうなものなのに、さっきまで目の前で見たはず、聞いたはずの裁判の光景や様子と比べると、自分の中の五感に急に揺らぎが生じる。「自分が見た裁判、自分の目の前にいた人、自分が聞いた声は何だったのだろうか」と、だんだん記憶が遠ざかっていくような感覚に襲われる。そして、わからなくなる。自分は本当にあの裁判所の法廷の中にいたのだろうか、双方の記者会見を聞いたのだろうかとまで思えてくることもあった。あるいは拘置所面会で私が会う被告人の「彼」と、それに対して検察が法廷で説明する凶悪犯としての「彼」、被害者遺族が描く加害者としての「彼」、マスメディアの法廷イラストと吹き替え音声で描かれる「彼」との違い。

なぜ、こんな落差、違い、ギャップが生じるのだろうか。ＮＨＫは毎回のニュースで「当時一八歳の元少年に死刑が適用されるかどうかが最大の争点です」とナレーションで説明する。広島高裁前を歩く人からは、私は公判の度に何度も尋ねられた。「もう判決は出たんですか？」「死刑ですか、無期ですか？」。みんなそれにしか関心がないのか。「死刑か、無期か」の量刑だけを争っている程度の裁判なのだろうか。

多かれ少なかれ、メディアの中で報じられる出来事と、実際に起きている出来事には何らかの落差がある。それはこの裁判に限ったことではない。ほかの犯罪事件でも、政治・スポーツ・

芸能など、世の中のあらゆる出来事・人にはその実像と虚像が入り混じる。そのこと自体は何も不思議ではない。様々なメディアが様々な角度から様々な対象を取り上げることによって、多くの人が多様な視点を通じてそのことを知ることができると思う。そんな自由な言論・報道によって生じる「違い」が何よりも重要だ。ところが、この光市裁判にはそうした多様多角的な視点はマスメディアにはほとんどない。いや、「ほとんど」どころか特にテレビ報道では、「全く」ないと言っていい。なぜなら、この裁判報道は一斉にある起点から同じ方向に向けられている。それは被害者遺族の男性の声や主張を起点にして、被告人の元少年、あるいは被告弁護団に向けられている感情の「激流」ともいえる大きな流れだ。その流れにシンクロする報道だけがずっと繰り返されてきた。

「被害者の敵、社会の敵」となった弁護団

二〇〇七年九月二〇日の公判で意見陳述した遺族の男性は、「なぜ一、二審で争点になっていなかったことが、弁護人が代わって以降、唐突に主張されるようになったのか。遺族としては、弁護人が代わることで、ここまで被告人の主張が変わってしまうことが非常に不可解でなりません。私たち遺族はいったい何を信じればよいのでしょうか」と訴えた。それに対して、メディア報道を通じて多くの人が同じ思いを抱いたのかもしれない。それは「世間」や「社会」と

いう言葉で称されるこの国のさまざま空間で重なってシンクロしたのかもしれない。

だが、被告人の主任弁護人を務める安田好弘弁護士は、公判後の会見で遺族男性の意見陳述に対する感想を記者から質問され、「私の感想は単純でして、事実が違う。前提とされている事実が違うということ。さらに前提とされる事実の中には、（被告人の）彼がどういう人間であるかということと、（事件で）何をやったかという両方についての前提たる事実が違うということ。ですから、真実は何かということをもう一度知っていただきたいと考えています」と述べた。安田弁護士は公判後の毎回の会見で「事実」「まず事実」と繰り返し説明した。「誤った事実の上に立つ感情はない」と強調する。テレビカメラが入った記者会見以外の日でも、弁護団は公判後に地元メディアとの懇談や質疑応答に対して説明してきた。しかし、メディアではその部分はほとんど扱われなかった。

この裁判における「前提となる事実」は、「事件当時一八歳で現在二六歳の被告の元少年」の事件での実行行為や動機だけではない。被告弁護団に向けられる肩書きや説明からしても大きなバイアス（偏見）の入った前提がメディアの中にある。雑誌の見出しを拾うと、「光市裁判に集結した『政治運動屋』21人の「弁護士資格」を剥奪せよ！」（週刊新潮二〇〇七年六月七日号）、「光市母子殺害犯を守る『21人人権派弁護団』の全履歴」（週刊ポスト六月一五日号）、「本村洋氏を絶句させた『大弁護団21人』の素顔&主張」（フライデー七月二〇日号）

テレビでは安田弁護士を紹介するナレーション・テロップ説明が、ほとんど「死刑反対運動のリーダー的存在」になっていた。確かにそのプロフィール自体は事実だが、この刑事裁判における被告弁護人としての彼の立場や主張は、裁判や争点の本質と異なる。弁護団はこの公判において「死刑制度反対・廃止」にかかわる主張をしたことは、法廷でも会見でも一度もない。また弁護団の中には死刑制度存置派の弁護士も含まれている。にもかかわらず、その「死刑反対派の弁護士」という「前提」を受けて遺族の男性が話し、最後にキャスター・コメンテーター・ゲスト、さらには同じ職業の弁護士までがスタジオで、「裁判や被告人が死刑廃止運動に利用されている」と話す構成・流れで完結する。ほかのテレビもほぼすべてが、「死刑反対の二一人大弁護団」VS「死刑を求める被害者遺族」という対立図式の一点張りだった。刑事裁判における検察側と弁護側の主張の争いという構図はどこへ行ってしまったのか。そして、この弁護団は「被害者の敵、社会の敵」のような扱いとなった。弁護士たちへの非難・誹謗・中傷・嫌がらせ、そして相次ぐ脅迫や懲戒請求まで、いわゆるネット空間だけの限定現象ではなく、メディアと市民が一体となった形でこの国に広がっていった。

「Ｔｈｅサンデー」を検証する

二〇〇七年一一月二七日、『光市事件』報道を検証する会」は、放送倫理・番組向上機構（ＢＰＯ）に申し立てを行った。この光市裁判のテレビ報道において、「裁判の事実関係についての間違いや歪曲」「番組の制作姿勢としての作為・演出過剰」「不公平・アンフェア」の三点において、特に顕著な一八の番組を取り上げたという。それらは日本テレビ「ザ・ワイド」「Theサンデー」「スッキリ」、TBS「ピンポン」、フジテレビ「新報道プレミアA」「ニュースJAPAN」、テレビ朝日「報道ステーション」「ワイド！スクランブル」「スーパーJチャンネル」、RCC（中国放送）「イブニングニュース広島」、読売テレビ「たかじんのそこまで言って委員会」だった（各番組の放送日は省略。一八番組は同じ番組で放送日が異なる場合もある）。

その番組内容をあらためて見ると、「被害者・遺族の思いや声に寄り添う」内容を装いながら、実際の番組構成は遺族男性の声や主張を通じて、「被告の元少年がどれほど凶悪か」「被告の元少年がいかに無反省か」「被告を擁護する大弁護団がどんなひどい主張をしているか」を描く内容に終始しているといっても過言ではない。

『光市事件』報道を検証する会」が、「本件裁判を取り上げる一連のテレビ番組に内包されている問題点が、ほとんど集約的に現れている」として取り上げた日本テレビ系列の番組「Theサンデー」（二〇〇七年九月二三日放送分）を見てみよう。

この番組は「総力取材！遺族と元少年の三〇八二日」と題して、法廷で遺族の男性が意見陳述した際の公判を「再現ドラマ」で構成している。スタジオに作られた法廷の中で、俳優が扮する裁判官・検察官・弁護人・被告人・遺族が法廷での様子ややり取りを再現するというものだ。画面には左端に「再現」のテロップが入っている。一見すると忠実にその日の法廷のやり取りを「再現」したように見えるが、実は微妙に事実と異なる点がいくつかある。しかし、実はその「微妙さ」が、被告人の元少年にとっては「大きな違い」であり、受け取る視聴者にとっては大きな印象・イメージを植え付けるものだ。

たとえば、遺族男性の意見陳述の間に被告人が法廷で書いていたメモについて、検察官から「なぜ線を引いて削除したのか」と指摘されたことに対して、実際には線を引いていないことを被告人が反論する再現シーンがある。そこでは被告人は「すべてにおいて証明しましょうか！」と、大きな声で検察官に対して襲いかからんばかりの勢いで述べている。さらにその後には裁判官に対してまで歩み寄っている。彼の表情は相手を鋭くにらみつけ、そのアップの表情をカメラはとらえている。

だが実際の法廷では、被告人は「では、証明いたします」と発言して、検察官の所に近づいてその紙を見せたに過ぎない。裁判官にも見せようとしたが、裁判長から「縦に消したというのを見たということですが、そういうことをしたのか、しなかったのかだけを言ってください」と聞かれて、被告人は「しませんでした」と答えている。実際紙に線は引かれていない。検察官の指摘したことは、被告人を挑発するための言いがかり、濡れ衣だった。だが、その再現シーンは被告人の態度がいかに罪を反省していないかの証拠のように扱われている。

ほかにも検察官から被告人に対して、「（被害者の）弥生さんのお母さんと本村さんが話している時、傍聴席で遺族の方がもらい泣きしているのを聞こえましたか？」と質問がされ、「いいえ、聞こえておりません。前に集中してました」と答えるシーンが再現されている。だが、実際には検察官の質問は、「遺族おふた方の意見陳述のときに、君の後ろの傍聴席で嗚咽をこらえる声とか聞こえていましたか。もらい泣きしている声は聞こえましたか」だった。

被告人は遺族の意見陳述の際、詳細なメモを自分で取りながら目の前の遺族の声に耳を傾けていた。「傍聴席で遺族の方がもらい泣きしている」ことを検察官が被告人に聞いたわけではない。この再現ドラマだけを見ると、被告人が遺族の泣き声を無視した、聞いていなかったかのような描写でもって、「無反省」が強調されているとしか思えない。こうした再現ドラマによる「前提」の後に、被害者遺族の男性の実際の会見映像が流されて、視聴者は自分の感情を遺族と一層シンクロさせるのだろう。

報道された被告人の犯行態様

また多くのメディアはこの事件の一・二審の「前提」をこう伝える。「一・二審では起訴事実を争わず……」「被告の元少年は一・二審とは主張を一変させ……」。

被告人の犯行にいたる経緯について、検察官の起訴事実によれば、「被告人（当時18歳）は被害者（当時23歳）を強姦しようと計画し、被害者宅に排水検査を装って入り、暴行を加えたものの、被害者が大声を出して激しく抵抗したため、殺害して姦淫しようと決意し、被害者の首を両手で強く締めつけて窒息死させたうえ、姦淫した。その際、激しく泣き続ける被害児（生後11ヶ月）に激昂して殺害を決意し、被害児を床に叩きつけるなどした上、首に紐を巻き、その両端を強く引っ張って締めつけて窒息死させた」とされてきた。これがこの事件の「前提」事実とされてきた。

しかし、被告人の元少年は本当にこの差戻し控訴審からその主張や供述、そして現場での動機や実行行為までをすべて「一変」させたのか、それは本当に唐突に出てきた「新しい」自白だったのか。彼が一・二審で何を話していたのか、以前の法廷では何を認めて、何を否認していたのかを調べると、「供述を一変させた」とは言いがたい部分がいくつかある。

被害者の殺害に関しては一審当時、「最初は考える力がありましたが、すごく抵抗されるし、大声を出されるので頭の中が真っ白になり、冷静に判断できなくて、首を絞める羽目になりました」と答えている。しかし、残念ながら、この「首を絞める羽目になりました」の部分に関してさらに突っ込んだ質問が弁護人からも検察からもされていない。検察が主張する「のど仏付近を両手親指で指先が真っ白になって食い込むまで強く押さえ付け」という説明は、当時彼は法廷では話していない。被害者の赤ちゃんの殺害に関しても同様にその詳細が明らかではない。

「押し入れの中とか、おふろ場とか試してみたけど、どんどん、どんどん腹が立ってきて、殺してしまうような羽目になってしまいました」と一審で答えている。

このやり取りの中でも、「殺してしまう羽目になってしまいました」とは答えているものの、どういう方法だったのかが質問で聞かれもせず、明らかになっていない。これまで前提とされてきた「被害児を頭から床に叩きつけた」行為は被告人本人の口からは過去の法廷で述べられていない。被害者女性と赤ちゃんを死にいたらしめた実行行為や殺意に関しては、一・二審当時からあいまいな点が多い。

彼の一審・二審、そしてこの差戻し控訴審まで、その供述内容を読み解くのは簡単ではない。複雑に入り組みながら変遷している。「不可解」「新」「一転」部分を強調することもできるだろうし、以前から「否認していた」「誘導させられた」部分を取り上げることもできる。しかし、メディアはこの公判での「魔界転生」「ドラえもん」「ママゴト遊び」などの被告人の特異な言葉部分だけを大きく取り上げ、その前後の文脈や経緯を伝えようとしなかった。そうした言葉や単語だけが被告人の発言や認識の「前提」となってメディアで飛び交い、「支離滅裂」という感想を述べた遺族男性の言葉で締めくくられた。

また「母胎回帰」という言葉に関しては、被告人本人がその言葉を使って法廷で話したのではない。公判後の会見でこんなやり取りがあった。「(記者からの質問)少年が今回『母胎回帰ストーリー』を話し始めたが、それは何をきっかけに彼は話し始めたのか?」「(安田弁護士)いや、『母胎回帰ストーリー』というのは(犯罪心理)鑑定人の評価なんです。彼はそんなことはしゃべっていない。彼の話していることを聞いていて、彼の生い立ちを見て、彼の社会的な環境などを見て、それを専門家が解釈すればこうなるということを今日(鑑定人は)おっしゃったわけです。それは彼は自分でしゃべっていることはありません」

遺族男性の会見とメディアの中では、被告人本人の言葉と鑑定した専門家の分析・解釈と弁護団の主張が、あらかじめ最初から一致させられているかのような扱いで、それを受けて「被告人の発言を弁護団がつくっている。誘導している」と多くの人が思い込んでいる。そうなると、彼らの発言や主張が、すべて死刑を回避させるための「虚偽」「捏造」「言い逃れ」という前提イメージでしか受けとめられない。

フジテレビのニュース番組の中で、「報道が被害者の側に偏っているのではないかという批判があるが、私はそう思わない」とコメンテーターは語った。「我々は被害者の側に立った報道をしている」とおそらく言いたいのだろう。

加害者の側に「偏っている」報道

が、実はこの光市裁判のメディア報道は被害者の側に立っているのではない。当初、私自身はこの事件・裁判をめぐる報道は単に被害者側と加害者側の「情報量の差」だと思っていた。しかし、どうやらその報道の量的部分とは異なる様相を見せている。それは決して量的な問題ではなく、むしろ加害者の側に「偏っている」ことに気づいた。どのメディアも被告人の元少年や弁護団に対して、同じ視線とある前提のもとで伝えるからだ。遺族の声はすべて「怒り」「悲しみ」「叫び」「正義」となって繰り返し伝えられ、被告人の声や態度はすべてが「無反省」「無自覚」の表れや根拠かのように結び付けられている。遺族の男性が会見で弁護団批判を述べる機会が増えるに連れて、それに合わせてメディアの「攻撃対象」が、被告人の元少年から弁護団の方に移っていった。そして弁護団に対しては「死刑廃止運動にこの裁判を利用している」「被告人の発言を弁護団が誘導している」というレッテル貼りに落ち着く。これらの「前提情報」によって構成される映像や「スタジオ裁判」によって受け取る視聴者・読者は、被告人と弁護団に対して、ただ感情だけによる反応と感想を展開する。

世間や社会と称される空間とシンクロする声で最も代表的なものは、「被害者や遺族の立場を思うと……」という前提だ。「山口母子殺人事件などを考えてみても、自分の身に置き換えるとわかると思います。被害者の遺族、Mさんの身になってください」（アムネスティに寄せられた死刑に関する質問をHPから抜粋）。「自分にも妻と娘がいるが……」といったような、男性ならば被害者の夫の立場、女性ならば被害者女性の立場に自分を置き換える。こうした被害者・遺族と自分を置き換えるという仮定と、そこを起点に想像した感情を前提にして、多くの人がこの事件や裁判のことを話す。おそらくこの裁判を報道する側の記者・ディレクター・デスク・キャスター・コメンテーターも、頭のどこかに被害者遺族の男性の顔や言葉を浮かべている。記者会見・生出演・インタビューなどを通じて彼と話した経験がある人は数多い。そして、「彼の思い、感情、怒り、無念さを読者・視聴者に伝えたい」と恐らく思うのだろう。

だが、この裁判報道は、実は遺族の男性の思いを誰かに伝えているのではなく、遺族の男性に向けて「私もあなたと同じ思いです」とメディアを通して伝えているだけだった。遺族の男性が会見で「(被告人の発言は)支離滅裂」と話せば、それが番組のナレーション・テロップ・見出しにも反映された。遺族が「被告人からにらまれた」と話せば、それが「被告人がにらんだ」事実かのように伝えられた。

被害者遺族だけにシンクロするメディア、視聴者

「シンクロ」(同調)という言葉をこれまで使ったが、「シンクロ(ナイズ)」という言葉は本来「同時化する」という意味だ。元々は「映画・テレビ録画で、別々に記録された画像と音声とを正しく一致させて一本のフィルム・テープにまとめること」だという。この裁判の、特にテレビ報道は、遺族の男性の思いや声に合わせてテレビ映像が同時化・一致化され、一本の構成にまとめられている。裁判所前を被害者遺族の男性が遺影を持って歩く冒頭シーンに始まり、被害者女性と赤ちゃんの写真・ホームビデオ、遺族男性の会見映像・音声が繰り返される。被告人・弁護団の言い分は本来「別々に記録された画像・音声」であるにもかかわらず、それら被害者側の映像の合間に、ときに重ね合わせて、被告人の法廷イラスト・吹き替え音声と弁護団会見の映像がごく部分的に挟まれる構成だ。被害者遺族が被告人や弁護団に向けて発する言

葉や描写が絶対化・聖域化され、それにそった映像・ナレーション・スタジオコメントだけが流される。

立場の「置き換え」が、いつの間にか被害者遺族と「一体化」した。被害者遺族からの視点だけによる報道が、遺族の望む「正義」までも絶対化・聖域化させていると言っていい。これによって、視聴者は被害者遺族の方にシンクロし、被告人の元少年と弁護団は憎悪と非難の対象でしかなくなっていく。

直接取材をする者にとっても、読者や視聴者にとっても、自らと対象を「置き換え」てみる想像自体は重要だ。自らの情が目の前の対象とシンクロすることは当然あるだろう。私自身は確かに弁護側の主張や被告人の言い分を追っているとは言え、ときに被害者遺族の声や思いにもシンクロすることはあった。しかし、そこで私は自分自身にあえて言い聞かせる。

自らが置き換えるべき対象は本当に「被害者・遺族」だけなのか。思考・想像すべき対象は「被害者・遺族」だけなのか。世の中に伝えるべき対象は「被害者・遺族」だけなのか。私たちが共有すべき感情や思いは「被害者・遺族」だけなのか。事件の教訓や再発を防ぐために考えることは「被害者・遺族」の声だけが基準なのか……。

この光市裁判報道は、「被害者の立場」に自分を全面的に置き換えることによって、別の仮定や異論がすべて排除されている。被害者遺族の立場に立って初めて見えることは確かにある。だが一方で、父親による虐待・暴行を受けてきた被告人の生い立ちや彼を取り巻く社会的要因と、事件との関連性を探ろうとしなかった。事件現場での被告人の実行行為と動機、捜査段階での供述の信ぴょう性など、本来メディアが取材して探るべきことを、この弁護団が「取材」・提示したといえる。事件の全体像を見ずに、検察の主張する犯行の「残虐性」と一審判決後に被告人が友人に返信した手紙の内容だけが公判の度に繰り返し報じられ、「凶悪犯人像」のイメージだけができあがった。

ファクト（事実）ではなく、ムード（雰囲気）・イメージ（印象）だけが先行する空間をメディア自らが創り出し、自由な意見や思考が遮られる「置き換え自縛」に陥って、そして視聴者も同じ自縛にたどりつく。被害者の感情や感想の前提情報だけに一元化してシンクロする報道は、そもそも「裁判報道」ではない。被告人の言い分や主張はもちろん、実行行為や動機までも、遺族の声や思いを基準にして事実に迫ることはできない。事実は遺族の声や思いとシンクロするとは限らないからだ。取材者がシンクロすべき対象はまず事実（ファクト）であって、そこから論理や本質を導き出す報道でなければならないと思う。それを通じて最後に複雑な事実や真相の両面・両側が見えてくる。

国民に対する死刑の呼びかけ

被告弁護団の一人は、「遺族の被害感情と、処罰感情は別である」と話したことがあった。今回の裁判だけに限らず、遺族にとってそれは一体化した感情かもしれない。区別できない思いかもしれない。だが、遺族の思いや気持ちを不特定多数の誰かに伝える場合、その役割を担うメディアは一つ一つの感情をやはり区別・点検する必要がある。この光市裁判の遺族男性は法廷での意見陳述や記者会見で、何度か被告人の処罰に関して言及した。それは単に「死刑判決」を裁判所に対して望むという思いだけでなく、国民的・世論的合意のもとでの死刑への呼びかけのようにも聞こえてくる。

ＢＰＯに申し立てを行った際の記者会見で、申し立て人の一人である民族問題研究家の太田昌国氏は、「この光市裁判の中で、死刑という人の死を求める意見がここまで公然と報道されている。それはこの社会が人の死に対してだんだんと慣らされていく、訓練がされていく段階であるととらえている。犯罪を犯した人間が処刑されることを待ちのびる、待望する社会になっている。メディアの中でも突出して影響力のあるテレビで、そこで発言するキャスター・コメンテーター、番組にかかわるディレクターが、冷静な言葉と観察力でもって報道しないと、この社会は極めて不気味な力によって押し流されていく」と指摘した。

安田好弘弁護士に対しては、二〇〇六年の最高裁弁論のときに一日一〇〇件以上の電話が事務所に届いた。その内容のほとんどは「弁護は不要だ」「死刑にすべきだ」という内容だったという。これに対して彼は、「電話の向こう側から『殺せ、殺せ』という大合唱が聞こえてくるようだ。『許せない』ではなくて、『殺せ』という精神的な共謀感なのか。世の中が殺せ、殺せという動きの中で、司法がちゃんと機能するのかが問われている。明日は裁判という名の『リンチ』が起こる」（二〇〇六年六月最高裁判決の前日の講演から）と話した。

ようやく与えられた公平な裁判

被告弁護団は最終弁論の中で、「事実こそ最大の情状である」と述べた。この二一人の弁護士は独自の法医鑑定や精神鑑定をもとにして、被告人の一つ一つの実行行為や動機を詳細に解明しようとして、強姦の計画性や殺意の有無を法廷で説明してきた。それらは死刑を回避するための「主張」ではなく、被告人の証言と客観的証拠にもとづく「立証」活動だった。遺族の男性は「（一・二審・最高裁まで）七年もかけて裁判をやってきた」と言うが、被告人にとってはこの差し戻し控訴審でようやく公平な裁判を受ける権利が与えられたといっていい。

最終弁論後の会見で安田弁護士は、「この裁判は実質上、被告人の彼にとって『第一審』であると思う。これまで彼に対しては司法手続きが保障されてこなかった。裁判所はその責任を果たしてこなかった。裁判所をめぐる法曹関係者がその職責を怠った。それゆえにこの裁判が続かざるを得なかった。こんな不幸な事件が二度と起きないように、そしてこういう過ちを犯した子供がどうやってこれから生きていけばいいかを私たちが指し示す、もっと言えば司法の責任として、彼にどう生きるべきかという道しるべを指し示す裁判にしなければならないと思って私たちはやってきた」と振り返った。

事件発生から九回目の被害者の命日にあたる二〇〇八年四月一四日、そして差戻し控訴審判決が言い渡される翌週の四月二二日が近づくと、メディアは「死刑か、それとも無期か」という判決予想を中心にした報道を徐々にヒートアップさせるだろう。実際には「死刑にすべきか」を問いかける内容だ。遺族男性の気持ちや思いをベースにしたその「前提」に対して、世間や世論は再びシンクロする機会が増えていく。これまでも遺族男性が記者会見で話す内容によって、メディアは大きくその反応や論調を変えてきた。遺族男性が会見を行わない公判の日の報道は、きわめて扱いが小さかった。遺族男性の感情や感想を通じてでしか、この裁判報道ができなかったことを示している。もし遺族の望む処罰と違う判決が出された場合、どんな報道が展開されるだろうか。

だが、私自身はその判決主文の前に、これまで争われた「前提となる事実」が裁判所にどう判断・認定されるのか。そして、それを被告人が、遺族がどう受け止めるのかという部分に注目している。再び最高裁での上告審があるかもしれないが、被告人の元少年にとっても、遺族にとっても、そしてこの国の社会にとっても、「光市裁判」が投げかけた問題は終わらない。刑事弁護・少年法・捜査での取調べ方法・犯罪被害・死刑適用基準・裁判報道のあり方など、この裁判が投げかけた司法を取り巻く問題の本質は、もう一度「前提となる事実」を考慮して、冷静に議論する必要がある。その道しるべを社会や世間に提示するのがメディアの役割だと思う。メディアイベントとしての「光市裁判」は四月二二日の判決でもって終わる。しかし、「光市裁判報道」はもう一度「差し戻し」てやり直す必要がある。私自身もやり直す。裁判員制度が始まろうとしているいま、それは決して遅くはない。

＊本稿は筆者が執筆した、月刊『創』二〇〇七年九／一〇月号掲載「これでいいのか!?光市母子殺害裁判報道」、同一一月号掲載「光市母子裁判　元少年の主張は〝一変〟したのか」、月刊『法と民主主義』二〇〇七年一一月号掲載「『特集・刑事弁護とメディア』光市裁判を取材して」の原稿から一部を抜粋・加筆して構成した。被告弁護団の公判後の会見はヤフー動画サイトとアジアプレスネットワークのサイトで映像配信している。

プロフィール

綿井健陽（わたい・たけはる）

一九七一年大阪府出身。ジャーナリスト。一九九八年からアジアプレス・インターナショナルに所属。これまでにスリランカ民族紛争、スーダン飢餓、東ティモール独立紛争、米国のアフガニスタン攻撃、イラク戦争などを取材した。二〇〇三年度「ボーン・上田記念国際記者賞」特別賞。ドキュメンタリー映画『リトルバーズ　イラク戦火の家族たち』http://www.littlebirds.net/ 撮影・監督。著書に『リトルバーズ　戦火のバグダッドから』（晶文社）など。ホームページ【綿井健陽 Web Journal】http://www1.odn.ne.jp/watai/

解説・光市事件裁判と弁護士懲戒問題

刑事弁護活動とはなにか

編集部

はじめに

光市事件裁判では、読者もご存知の通り、弁護人の弁護活動に対して、多数の懲戒請求がなされている。この懲戒請求は、二つに区分することができる。ひとつは、弁護人が最高裁の弁論期日を欠席した行為に対してのものであり、もうひとつは、差戻審の弁護活動に対するものである、

しかし、テレビを中心とするマスメディアは、どのような行為に対して、懲戒請求がなされ

ているのかにつき詳細に報道しているわけではない。また、そもそも弁護士に対する懲戒制度とは、いかなる制度で、いかなる意義をもつのかも、一般的に知られていない。そのため、後で述べるように、弁護士懲戒制度を誤解したまま懲戒請求をする場合も少なくない。

そこで、本稿では、弁護士懲戒制度の意義を再確認し、光市事件における弁護士懲戒問題の実情について解説する。そして、光市事件の弁護士懲戒問題から見えてくるあるべき刑事弁護活動について考えてみたい。

弁護士懲戒制度とは何か

一定の国家資格を有する専門家と呼ばれる人々が一般市民の依頼により事務処理をする場合に、その依頼に反する事務処理をしたら、どうなるか。その専門家は、依頼者から、適切な事務処理をしていないとして、民事責任や刑事責任を問われうるが、さらに専門家たる資格に対して何らかの処分がなされるのが普通である。たとえば司法書士の場合は各地方の法務局が懲戒処分をする。行政書士であれば都道府県知事が、税理士は財務大臣が、公認会計士は内閣総理大臣が、それぞれ戒告・業務停止・登録抹消等の懲戒処分を行なう。要するに、国家権力が懲戒処分を行なうのである。

これに対して弁護士が、依頼者の希望に反した弁護士業務をした場合に、国家の公権的な処分によらずに、弁護士の強制加入団体である弁護士会・日本弁護士連合会（日弁連）が自主的な懲戒処分をする（弁護士法五六条以下）。これを「弁護士自治」という。

では、なぜ弁護士だけに「弁護士自治」が認められ、独自の懲戒制度があるのだろうか。一言で表現すれば、弁護士は、基本的人権を擁護し社会正義を実現するために、時には国家権力と対峙することになるからである。刑事裁判であれば、相手は警察・検察組織である。民事裁判であっても、税金訴訟や公害訴訟であれば、相手は国、地方公共団体などの国家権力になる。対峙する相手から懲戒処分を受けることになれば、適正な弁護活動はできなくなるのである。

懲戒事由と懲戒の種類にはどんなものがあるのか

それでは、具体的に、弁護士のどのような行為に対して懲戒処分がなされるか。

弁護士法五六条一項は、「弁護士……は、この法律又は所属弁護士会若しくは日本弁護士連合会の会則に違反し、所属弁護士会の秩序又は信用を害し、その他職務の内外を問わずその品位を失うべき非行があったときは、懲戒を受ける」と定めている。つまり、弁護士が懲戒される場合は、①弁護士法違反、②弁護士会の会則違反、③弁護士会の秩序・信用の侵害したとき、④弁護士の品位を失うべき非行があったとき、に該当するときである。また、懲戒の種類は、（i）戒告、（ii）二年以内の業務停止、（iii）退会命令、（iv）除名の四種類が定められている。

過去には、被告人が否認しているのに私選弁護人が有罪弁論をした事例や、国選弁護人が接見も連絡もしないまま控訴趣意書を提出した事例などで、戒告処分となっている。

弁護士懲戒の手続きはどのようになされるのか

弁護士に対する懲戒請求は、依頼者や相手方などの関係者に限らず誰からでも、その弁護士所属の弁護士会に請求することができる（弁護士法五八条）。これは、懲戒制度を市民・国民の監視下におくことで適正な運用を図ろうとする趣旨である。

懲戒請求があると、まず、弁護士会は綱紀委員会に事案の調査をさせ、綱紀委員会が審査相当か不相当かの決議をする。仮に、審査相当となれば、懲戒委員会が事案の審査（その弁護士を懲戒するかどうか、処分内容をどうするかの審査）をする。そして、懲戒委員会の懲戒相当との決議がなされれば、最終的に弁護士会がその弁護士を懲戒することになる。

逆に、綱紀委員会・懲戒委員会で、その弁護士を「懲戒するのは相当でない」とする議決があれば、弁護士会は、その弁護士を懲戒しないとの決定をすることになる。

次に、懲戒請求者は、弁護士会の決定に不服がある場合、日弁連に異議を申し出ることができる（同法六四条）。たとえば、弁護士会が懲戒しないとの決定をしたときや、相当の期間内に懲戒の手続きを終えないとき、懲戒の処分が不当に軽いとき、などである。

異議が申し立てられた場合、日弁連綱紀委員会又は日弁連懲戒委員会で、異議の審査が行なわれ、「異議に理由あり」との判断に至れば、その弁護士を懲戒する手続きに移行する。逆に、「異議に理由なし」と判断に至れば、異議を棄却する決定をすることになる。

最高裁の弁論期日欠席に対する懲戒請求

それでは、光市事件裁判をめぐっての懲戒請求についてみていこう。

まず、新弁護人（安田好弘・足立修一各弁護士）が最高裁の弁論期日を欠席するまでの事実関係を確認する。

- 一審の無期懲役の判決に対して検察側が控訴、そして上告。
- 二〇〇五年一二月六日に最高裁が弁論期日を二〇〇六年三月一四日午後一時三〇分に指定。
- 二〇〇六年二月末から三月初旬にかけて、新たに二人の弁護人が選任され、その直後に旧弁護人が辞任。
- 同年三月三日、新弁護人が旧弁護人から、訴訟記録などを引継ぐ。
- 同年三月七日、新弁護人が最高裁に弁論期日変更の請求。
- 同月八日、最高裁が、新弁護人の請求を却下。
- 同月一三日、新弁護人が弁論期日を欠席する旨の欠席届を、最高裁に提出。

・同月一四日、最高裁は予定通り開廷。新弁護人が欠席しているため、合議の結果、次回期日を同年四月一八日に指定し、閉廷した。

新弁護人が、弁論期日の変更請求が却下されたにもかかわらず、弁論期日を欠席したことについて、被害者遺族より、被告人の死刑を回避するための不当な訴訟遅延行為であるとして、新弁護人に対して、懲戒請求が申し立てられた。

なぜ、新弁護人は弁論期日の変更を請求したのか。最高裁での弁論期日の変更請求は、認められうるものなのか。また、最高裁が変更請求を却下したにもかかわらず、弁護人が弁論期日を欠席したのはなぜか、本当に欠席せざるを得ない状況だったのであろうか。これらの疑問について検討する。

なぜ、弁論期日の変更を請求したのか

新弁護人が弁論期日の変更を申し立てたのは、①弁論期日に弁護士会の会務が入っている、②新弁護人が聴取した被告人の主張は原審の事実認定と大きく異なっており、記録を精査し十分な弁論をするための準備期間、および、被告人の反省と謝罪を深めるための時間が必要である、という理由からであった。

①弁護士会の会務とは、全国の弁護士を対象としたライブ中継の模擬裁判であり、新弁護人

は解説役・裁判官役を務めなければならなかった。②弁論の準備については、光市事件は、最高裁に辿り着くまでに訴訟記録が膨大になっており、これらを二人の新弁護人が、一〇日あまりで精査することは困難であった。被告人の主張についても、見落としていた部分、新たに判明した事実、被害者遺族に対する謝罪・慰謝の可能性など、検討すべき項目が多岐にわたっており、当初の弁論期日までに十分な弁論を準備するのは困難であった。

なお、旧弁護人が二〇〇五年一二月に弁論期日の指定があったにもかかわらず、新弁護人の選任・記録の引き継ぎが二〇〇六年三月頃になってしまったことについて、意図的な戦略ではなかったか、との意見もある。しかし、旧弁護人は二〇〇五年一二月下旬以降、応援の弁護人を依頼するために奔走していたようであり、新弁護人に面談の約束がとれたのが、二〇〇六年二月頃であった。新弁護人は被告人との接見をしてから受任するか否かを決めるという態度であり、接見が実現したのが二月下旬で、二月末から三月上旬にかけて、ようやく新弁護人が事件を受任した。新弁護人の受任が弁論期日の直前になったのは意図的な戦略とみることはできない。

なぜ、弁論期日を欠席しなければならなかったのか

弁論期日の変更請求が却下された状況で、新弁護人には、（i）再度、期日変更について最高

裁と折衝する、（ii）弁論期日に出席する、（iii）弁論期日を欠席する、という三つの選択肢があった。新弁護人は、結論として（iii）を選択した。ここで、なぜ弁護人は（i）の、再度の期日折衝をしなかったのか、という疑問がある。

この点について、新弁護人は、（i）再度の折衝も検討していたようである。しかし、三月七日の弁論期日変更請求の中で詳細な理由を述べたのに、最高裁にこれを却下された。新弁護人が受任して日が浅く、弁論の準備に時間がかかることを最高裁は認識しつつ、あえて却下したのである。このような態度からすると、再度折衝しても、最高裁の判断が覆ることはないと新弁護人は考えたのである。

その上で、仮に、（ii）弁論期日に出席することを選択した場合、どうなったか。最高裁は、弁護人が十分な弁論をしていない場合でも、自ら高裁判決を破棄し死刑判決をする可能性がある。十分な弁論をしないまま被告人に死刑判決が言渡されることになるのは、被告人に対する誠実な弁護活動を尽くしたとはいえなくなる。

では、（iii）弁論期日は欠席せざるを得なかったのか。本件は、死刑又は無期もしくは三年以上の懲役にあたる事件として起訴されているので、弁護人がいなければ、裁判所は開廷できない必要的弁護事件である。必要的弁護事件で弁護人が出席しなければ、最高裁としては、新たな別の弁護人を職権で選任するか、新たな期日を設定して弁護人を出席させることになる。

本件では、新弁護人は弁論の準備時間がほしいと要求しているのであるから、欠席すれば、最高裁は、新期日の設定をする可能性が高かった。しかし、本件は、マスメディアに注目されていた事件であったので、欠席すれば、新弁護人に対する道義的非難、社会的バッシングは十分想定された。

だが、そのような考慮をしてもなお、新弁護人が弁論期日に出席して、十分な弁論なしに被告人が死刑判決になるよりは、弁論期日を欠席して、弁護人が道義的非難・社会的バッシングを受ける方がよいのではないか、新弁護人はこのような苦渋に満ちた選択をしたのである。

なお、弁論期日を無断で欠席したとの主張・報道がなされているが、事実関係をみれば分かるように、新弁護人は前日に欠席届を最高裁に提出しているのであって、無断とはいえない。

弁論期日欠席は懲戒請求の理由となるのか

仮に、弁護士が、不当に訴訟を遅延させる目的で弁論期日を欠席したのであれば、「弁護士会の秩序・信用の侵害したとき」、または、「弁護士の品位を失うべき非行があったとき」に該当する。しかし、上述したように、新弁護人の決断は、道義的非難を覚悟しつつも、被告人の利益を最大限擁護しようとする苦渋の選択であった。これを、「単なる死刑回避のための訴訟遅延行為である」とみることは困難である。

懲戒請求を受けた弁護士会は、新弁護人の行為を、「公判期日の延期を見込んで、批判覚悟で、あえて弁論に欠席した動機は、死刑か無期懲役かという究極の局面にある被告人の弁護活動を尽くすためだったと認められる」とし、懲戒事由には該当しないと判断した。

なお、広島弁護士会は二〇〇七年三月、足立修一弁護士に対して、第二東京弁護士会は同年一二月、安田好弘弁護士に対して、それぞれ「懲戒しない」とする決定をした。

差戻審での刑事弁護活動そのものに対する懲戒請求

次に、もうひとつの懲戒請求について考えてみよう。

二〇〇六年六月に、最高裁が事件を広島高裁に差し戻した後、全国の弁護士会の協力により、総勢二二名の弁護団が結成され、二〇〇七年五月二四日、広島高裁で、差戻審・第一回公判が開かれた。この弁護団は、必ずしも死刑廃止・反対の者ばかりではなかったが、新聞やテレビなどでは、死刑廃止・反対を目指す弁護士が弁護団を結成したとの誤った報道がなされていた。

このような中、人気テレビ番組「たかじんのそこまで言って委員会」（読売テレビ）で、大阪弁護士会所属の橋下徹弁護士が以下のような発言をした。

- 「ぜひね、全国の人ね、あの弁護団に対してもし許せないって思うんだったら、一斉に弁護士会に対して懲戒請求をかけてもらいたいんですよ」
- 「懲戒請求を一万二万とか十万人とか、この番組見てる人が、一斉に弁護士会に行って懲戒請求かけて下さったらですね、弁護士会の方としても処分出さないわけにはいかないですよ」

この呼びかけに応じて、全国の市民から総数七五〇〇件にのぼる懲戒請求が申し立てられたのである。この数字は、前年度の全国の懲戒請求総数の五倍以上という、驚異的なものであった。

また、懲戒請求とは別に、日弁連や弁護士事務所に脅迫文や模倣銃弾が送り付けられる事件もあった。光市事件の弁護団だけでなく、全国の弁護士も、刑事弁護活動そのものに対する抗議活動に発展するのではないかと危惧するような状況であった。

ところで、市民の懲戒請求とは、どのような内容だったのだろうか。懲戒請求の大多数は、インターネット上にアップされたひな形にしたがっていたようである。

このひな形で主張されている懲戒請求の内容は、①弁護人の最高裁及び差戻し審における主張は荒唐無稽で常識的に理解しがたい、②弁護人の主張は被害者の尊厳を傷つけている、③弁護人の最高裁弁論期日を欠席するなどの訴訟活動は、不当な訴訟遅延である、というものである。そして、これらの理由を総合して、光市事件の刑事弁護人は、弁護士会の秩序・信用を侵害し、弁護士の品位を失うべき非行がある、というのである。

弁護士を懲戒できる十分な理由があったのか

では、これらの懲戒請求は、弁護士を懲戒できる十分な理由があったのだろうか。

①については、マスメディアで頻繁に報道された「ドラえもんの四次元ポケット」、「復活の儀式」等の印象的なキーワードだけが一人歩きしており、弁護人の主張する内容を十分に検討したものとはいえない。弁護人は、法医鑑定（客観的な遺体の状態との整合性）や精神鑑定（当時の被告人の精神状態）も行い、これに基づいて主張を展開している。

②については、弁護人の主張の中には、被害者の尊厳を傷つける側面があったかもしれない。しかし、刑事裁判は、被告人が有罪か無罪かを決めるために、検察側・弁護側双方から、証拠に基づいた主張が展開される場である。被害者が目を背けたくなる主張が展開されたとしても、その主張自体をもって、懲戒事由ありとすることはできない。

③については、少なくとも、差戻審以後に弁護団に加わった弁護士にはあてはまらないし、差戻審以前の新弁護人二名が不当な訴訟遅延目的で最高裁弁論期日を欠席したのではないことは前述のとおりである。差戻審以降に弁護団が結成されたという点については、多くの懲戒請求者が誤解をしているようである。

以上のような懲戒請求者に対する個別の反論は、弁護士会の懲戒手続きの中で行なうことができる。しかし、問題は、テレビ・メディア、インターネット等を通じて醸成された、刑事弁護活動そのものに対する誤解に基づく不当な批判である。そこで、弁護団の有志が、橋下弁護士に対し、民事訴訟を提起した。

弁護団の一人は民事訴訟を提起した理由について、橋下弁護士に対して非公開手続きの懲戒請求をして反論していくよりも、公開の民事訴訟手続きで弁護活動の正当性を訴える方が社会的な印象が強く、これにより市民の誤解が解けて、刑事弁護活動そのものに対する攻撃や不当な懲戒請求も、同時に阻止できるとの考えによると説明する。

刑事弁護人の社会に対する説明責任の有無

全国に懲戒請求を呼びかけた橋下弁護士は、①新弁護人による旧弁護人の弁護方針への責任追及、②新弁護人の最高裁の弁論期日欠席や、主張の変更について、被害者遺族や社会に頭を下げつつ説明する必要があるという。このような説明責任は、刑事弁護人の役割なのか。

①については、旧弁護人の意図はともかく、被告人のために誠実な弁護を尽くす義務として、目の前の弁論期日に向けて準備することが、弁護人の第一の職責である。旧弁護人の責任追及は新弁護人の任務ではない。

②については、最高裁の弁論期日欠席や、主張の変更は、新弁護人の弁護方針の核心部分に触れるものである。このような核心部分を裁判で明らかにする以前に、被害者遺族や社会に説明することはできない。

弁護人の役割は、あくまで裁判上の主張を通して、被告人のために誠実な弁護を尽くすことにある。事実関係を争う予定であるにもかかわらず、被害者遺族や社会に頭を下げるという矛盾した態度をとることは、被告人との信頼関係を破壊してしまうことにもなる。

また、このような弁護人の説明責任は、守秘義務との関係で重大な問題がある。守秘義務とは、被告人の秘密を他人に漏らしてはならないことである。弁護人が被害者遺族や社会に、弁護方針や主張の内容について説明することは、守秘義務に違反する事態になりかねない。マスメディアの取材に応じることによって、揚げ足をとられ、かえって誤解を増幅することも考えられるのである。

以上のように、弁護人は被告人のために誠実な弁護を尽くす立場にあり、被告人との信頼関係のために守秘義務を負うことからすると、被害者遺族や社会に対しての説明責任を認めることはできない。

おわりに

光市事件における懲戒請求の問題は、一般市民が、刑事弁護人に対して、被告人の利益さえ擁護していれば、弁護人の役割を果たしたことになるのか、弁護人も社会正義の実現を担う以上、社会に対する弁護活動の説明責任を果たすべきではないのか、という疑問であるように思われる。

しかし、裁判で、公益を代表するのは検察官である。弁護人が被害者遺族や社会の方を向けば被告人との信頼関係が失われる。弁護人の社会正義の実現は、被告人のために誠実に弁護活動を行うことであり、当該被告人だけでなく、明日にでも被告人になる可能性のある全国民の信頼関係を得ることにあるのである。「自分がいつ被告人の立場になっても弁護人が守ってくれる」という社会の認識を得ることこそが、弁護人の社会に対する責任であり、社会正義の実現ではないだろうか。

なお、二〇〇七年一一月二二日、東京弁護士会の綱紀委員会は、差戻審弁護団の一人である河井匡秀弁護士に対する懲戒請求について、「被告人の弁明を誠実に受け止めて、これを法的主張としておこなうことは弁護人の正当な弁護活動で」あるとして、懲戒しない旨の決定をした。

《参考文献》

・武井康年・森下弘編著『ハンドブック刑事弁護』（現代人文社、二〇〇五年）。とくに四四四頁以下。
・日本弁護士連合会ホームページ　http://www.nichibenren.or.jp/ja/autonomy/tyoukai.html。
・判例時報一九四一号三八頁。
・村岡啓一「死刑求刑事件の上告審　弁論期日の欠席問題」季刊刑事弁護五〇（二〇〇七年）号六七頁。
・喜田村洋一「弁護士は何のために存在するか」世界二〇〇七年一一月二四日号一二三頁。
・『弁護士白書二〇〇七年版』（日本弁護士連合会、二〇〇七年）。

Q&A
光市事件・裁判

石塚伸一
光市事件差戻審弁護団

光市事件については、マス・メディアやインターネット上でさまざまな論議がなされています。弁護団にも厳しい非難が加えられていますが、事実を踏まえない、あるいは誤解に基づくものが少なくありません。そこで、できるだけ多くの方に正確な理解をしていただくため、弁護団に対して寄せられた疑問のいくつかにお答えしたいと思います。

①本件は、光市母子殺害事件などと呼ばれていますが、差戻審では、殺人、強姦、窃盗などの公訴事実についても争っていますので、ここでは「光市事件」と呼びます。②本件の関係者について、被告人は、裁判との関係では被告人と呼びます。ただし、犯行との関連では少年ということにします。また、亡くなった女性を被害者、赤ちゃんを被害児と呼ばせていただきます。③訴訟関係の経緯が複雑ですので、検察官送致（逆送）の決定をした山口家庭裁判所を家裁、無期懲役の判決を言渡した山口地方裁判所を一審、その判決を維持し、検察官の控訴を棄却した広島高等裁判所を旧二審、検察官からの上告を受け、上記の判決を破棄し、原審に差戻した最高裁判所第三小法廷を最高裁、差戻しを受けて現在進行中の広島高等裁判所を差戻審とそれぞれ呼ぶことにします。

なお、回答に際しては、弁護団が広島高等裁判所に提出した弁論要旨（二〇〇七年一二月四日付）の主張を基礎とし、公判に提出された証拠のほか、家裁段階の少年記録、法医学鑑定、犯罪心理鑑定、精神鑑定、関係者からの聴き取りなどを参考にしました。なお、光事件差戻控訴審弁護団編『光事件弁護団資料（差戻控訴審）』（二〇〇七年八月一日）をご参照ください。

1 事件についての疑問

QI 少年（事件当時）は、どうして被害者宅を訪ねたのでしょうか？

A

事件当日、少年は、会社を休んでいました。少年が高校卒業後に勤めた会社は、家庭的な会社でしたが、幼い頃から、父親の虐待を受けていた少年は、他者との信頼関係を築くことに慣れていなかったために適応障害を起こしていたのです。強い緊張から腹痛や頭痛などの身体反応が起こり、数日間、出勤できなくなっていました。しかし、会社をさぼっていることが父親に知られると厳しい折檻を受けるのではないかと思い、仕事に行くふりをして、作業服を着て、普段作業に使うガムテープと義母が作ってくれた弁当を持って、自転車で家を出ました。光市の室積海岸で暇つぶしをして、八時三〇分に高校時代の友人の家に行き、午前一一時三〇分頃まで、友人宅で一緒にゲームをして遊んでいます。しかし、友人が、ラジコンの部品を買いに行くことになったので、午後三時にもう一度会う約束をして、いったん家に戻りました。

家では、昼食をとったあと、人恋しくなってテレビを見ていた義母に後ろから甘えて抱きついています。義母から、「もう時間だから仕事に行きなさい」といわれ、自宅を出ました。友人との待ち合わせの時間まで、まだ一時間一五分ほどあり、何もやることがなかった少年は、停めておいた自転車のところまで戻りました。

仕事をサボっていることが見つかってしまうかもしれないと思った少年は、働いているふりをするための時間つぶしの遊びを思いついたのです。少年が住んでいた団地の各部屋を戸別訪問し、玄関ブザーを押し、「下水の検査に来ました。トイレの水を流してみてください」という「下水検査ゲーム」です。報道では「ピンポンダッシュ」というよう言葉が独り歩きしました。玄関の呼び鈴をピンポンと鳴らし、家人が出てくる前に逃げるのではなく、少年は、自分の勤めている会社名を名乗り、次つぎと戸別訪問をしていきました。ゲームは、一〇棟から始まり、九棟、八棟と続いていきました。そして、七棟に来たとき、少年は、赤ちゃんを抱いた被害者と出会ったのです。

Q2 戸別訪問は「強姦目的」ではないということですが、理由を教えてください？

A

少年は、過去に強姦や強制わいせつ行為を一切行っていません。それどころか、性行為の経験すらなかったのです。少年は、ここ数日仕事に行くふりをして友人の家に行き、ゲームで遊んでいます。このように、少年の日常生活の中心は、漫画やゲームでした。

少年が家を出たときに頭の中にあったのは、友人との待ち合わせでした。少年が家を出たのが一時四三分、三軒目の戸別訪問を終えたのが一時五二分ですから、戸別訪問を開始するまでの数分間に突然、強姦の計画を思いつくというのは、あまりに唐突です。強姦の目的で被害者の物色をはじめたとするなら、友人との待ち合わせまでの約一時間のうちに、首尾よく強姦をして、なにもないかのように平然と友人と待ち合わせの場所にいくというような計画を練らなければなりません。

被害者の住む七号棟は、少年の住んでいる一一号棟からは直線距離で二〇〇メートルほどのところにあります。少年が最初に訪問した一〇棟は、道路を挟んだはす向かいで、約五〇メートルしか離れていません。このような場所で強姦をすれば、少年が犯人であることがすぐに分かってしまいます。顔見知りの人のいる団地の中を作業服で戸別訪問し、自分の姿が訪問先の人の印象に残るようにした理由は、働いているふりをする「アリバイ作り」と考えるのが自然でしょう。

少年は、わざわざ身元を明らかにしています。会社のネームが入った作業着を着て戸別訪問をしているのです。また、自分の勤める会社名を名乗っています。現に、事件後、警察は、少年が勤めていた会社に聞き込みに行き、少年を被疑者として逮捕しています。

以上のことから、事件が計画的なものではなく、偶発的に起こったものであって、強姦目的で物色行為をしていたわけではないことがお分かりいただけると思います。

Q3 被害者宅では、いったいどのような出来事が起ったのでしょうか？

A

少年が、被害者宅のドアのチャイムを押すと、チェーンロックを外して、被害児を抱いた被害者が玄関口に出てきました。少年は「こんな優しそうなお母さんの子どもに生まれたらどんなに幸せだろう」という気持ちを抱きながら、「排水管の検査に来ました。トイレの水を流して下さい」と言いました。被害者は「作業のことはよく分からないので、やってください」と言って、少年を部屋の中に上げました。被害者が無防備に少年を部屋に上げた理由の一つには、二ヶ月ほど前に風呂と台所の排水が故障し、作業員が修理に来たことがあったからだと思われます。また、少年の外見は、あまりに幼く、被害者が警戒心を抱かなかったのも不思議ではありません。

他方で、少年にとっては「部屋の中に上がって作業をしてください」と言われたことは、まったく想定外の出来事でした。被害者に案内されるまま、トイレの中に入り、すぐにカギを閉めました。少年は、何をすればよいのか分からずしばらく呆然としていたようです。混乱状態の中で少年は、「逃げ出したい」という気持ちに襲われ、玄関から外へ飛び出しました。少年は「ここから逃れたい」という気持ちになりましたが、作業の終わりも告げずに出てきてしまったことから、急に不安に襲われ、階段のたたきで落ち着くためにタバコを一本吸いました。そのうち、被害者から道具を借りたら、作業を装うことができるのではないかと思いつき、被害者宅に戻ってトイレに入りました。少年は、被害者に「ペンチを貸してください」と言ったところ、被害者は、快く貸してくれました。少年は、ペンチでパイプを叩くなどの作業のふりを一〇数分続け、そろそろ被害者宅から帰ってもよいだろうと考え、トイレを出て居間に向かいました。そこには、被害児を抱いて座椅子に座っている被害者がいました。炬燵の上にペンチを置き、被害者に「終わりました」と告げると「ご苦労様」と労いの言葉を掛けてくれました。

実母の自殺以来、ずっと母親のやさしさに飢えていた少年は、赤ちゃんを抱いた母親に甘えたいという衝動に駆られました。このとき、少年の目には、被害者が実母と同じように自分を無条件に受け容れてくれる存在として映ったようです。少年は、躊躇することなく、被害者の背後に回りそっと抱きつきました。そのとき、少年の意識の中には性的欲求を満たそうという気持ちはありませんでした。

当然のことながら、抱きつかれた被害者は、驚き、抵抗しました。

Q4 被害者は、どのようにして亡くなったのでしょうか？

A

受け容れてくれるはずのお母さんが抵抗するなどということは、少年には想定外の出来事でした。実母に嫌われてしまったような感覚に陥った少年の身体は硬直し、立ち上がろうとした被害者の腰付近に抱きつくようなかたちになりました。バランスを崩した被害者の腰が少年の顔に当たり、少年は、後ろに転倒しました。続けて被害者も後ろに転倒し、少年の上にのしかかるような状態になりました。

少年は、被害者の動きを封じようとしましたが、できませんでした。無我夢中の少年は、無意識のうちに以前に父親との遊びの中でやったことのあるスリーパーホールドの体勢になり、被害者の首を絞めてしまいました。被害者は間もなく気を失い、身体から力が抜けました。少年は、被害者の身体の下から抜け出し、上半身を起こして呆然としていました。少年は、被害者に危害を加えるつもりなどまったくありませんでしたが、現実には、被害者の首を絞め、気絶しているのか、死んでいるのか、分からないような状態にしてしまいました。

呆然としていた少年は、突如、左側の背中の下の方に痛みを感じました。少年が振り向くと、右手に光るものを持った被害者が殴りかかろうとしているのが目に入りました。少年には、目の前の被害者が何か得体の知れないものに見えました。

少年は、無我夢中で被害者の右手を振り払い、身体ごと被害者にぶつかりました。その結果、少年は、被害者に覆い被さり、被害者を押さえ込むようなかたちになりました。すべてが予想外の出来事でした。

被害者の身体から徐々に力が抜けていきましたが、少年は、ここで力を抜いてはまた反撃を受けるのではないかという思いで被害者の身体を押さえ続けました。どのくらいの時間が経ったでしょう。少年が身体の力を抜き、上半身を少し反らすと、自分の右手が被害者の首を押さえ続けていることに気付きました。もしかしたら被害者を死亡させてしまったのではないか、という思いが頭の中を過りました。

上体を起こすと、馬乗りの状態になりました。「なんで動いてくれないんだろう」という気持ちが湧いて、「被害者は生きているのではないか」という願いの中で、少年は座り込みました。身体から力が抜けたような感覚に襲われました。

少年は、トイレにガムテープを置いてきたことを思い出し、取りに行きました。被害者が息を吹き返したら、身体を縛るためでした。トイレに行くと、スプレー式洗浄剤が目に入り、これも被害者が息を吹き返した時に身を守るために使えると考えて、ガムテープと一緒に居間に持ってきました。居間に戻った少年は、被害者の両手首を身体の前で合わせて、ガムテープで固定しました。さらに、被害者の口付近にガムテープを貼りました。息を吹き返した被害者から怒られることが嫌だったからです。

ガムテープでの一連の作業を終えた少年は、被害者が動かないことに焦りを覚えました。被害者に動いて欲しい、反応して欲しい、という思いから、被害者の顔の前で、スプレー式洗浄剤を噴霧するふりをしたり、カッターナイフをちらつかせてみましたが、被害者は動きません。被害者のセーターと肌着をたくし上げ、さらに肌着を切り、ブラジャーをずり上げれるなどすれば、恥ずかしがって動いてくれるのではないかと思い、そのような行為をしてみましたが駄目でした。少年の精神状態は、混乱の中でさらに退行していきました。少年は、眠ってしまっている母親の気を引いて起きてもらおうとする幼児のように、被害者の乳房を揉んだり吸ったりしました。

しかし、被害者は動きませんでした。絶望感に襲われた少年は、身体の力が抜け、被害者の身体に覆い被さるような状態になりました。少年の身体は、ずるずるとずり下がっていき、被害者の下腹部に顔がつきそうになりました。ふと顔の向きを変えた瞬間、少年は、被害者のズボンの中から異臭がしていることに気付きました。少年は、被害者のジーパンをずらし、下着の横の部分をカッターナイフで切ったところ、排泄物が目に飛び込んできました。いつか見たことのある光景でした。このとき少年は、一二歳のとき亡くなった実母の姿がフラッシュバックし、被害者の死を現実のものと認識したのです。

Q5 被害児は、どのようにして亡くなったのでしょうか？

A

被害者の予期せぬ死は、少年をさらなる混乱状態に陥れました。そのとき、少年の混乱した目に泣いている被害児が入りました。自殺した実母の横に弟と座っていた場面がオーバーラップし、「自分が被害者を死に至らしめたから、この子は泣いているんだ」という自責の念に駆られました。少年が被害者宅からすぐに逃げ出さず、被害児をあやしはじめたのは、被害児に同じく母を亡くした者としてのシンパシーを感じたからでした。

被害児を抱き上げようとした少年でしたが、うまく力が入らず被害児を落としてしまいました。何とか抱き上げ、あやしはじめましたが、被害児はいっこうに泣きやみませんでした。室内をウロウロしているうちに風呂場にたどり着きました。少年には風呂場が子ども部屋に見えました。部屋に入り、ベビーベッドに被害児を置きましたが、それは風呂桶でした。少年は、感情誘因性の幻覚を見ていたのです。

風呂桶の中で被害児がさらに大きな声で泣き叫んだので、風呂場に泣き声が反響しました。パニックに陥った少年は、洗濯機の蛇口を開いたり閉じたりしています。風呂場から出ようとしたところ、居間の入り口付近に被害児を抱いた被害者の幻覚を見ました。少年は、その場から逃げだそうとして台所に行き、窓を開けました。そのとき、爽やかな風が吹き込み、幾分か冷静さを取り戻しました。

幻覚を見たのは、遺体が汚れているからだと思った少年は、処理するためのバスタオルを風呂場に取りに行きました。風呂場で再び泣き声が聞こえはじめたので、被害児を風呂桶の中から抱き上げ、バスタオルを持って台所に行き、水道水でタオルを濡らして、居間に戻りました。居間に戻った少年は、ウェットティッシュなどを使って、被害者の遺体の排泄物をきれいに拭き取りました。

一連の作業を終えた後、少年は、再び被害児をあやしましたが、被害児は泣き止みませんでした。被害児を泣きやますことができないことで自責の念に駆られた少年は、柱にもたれるようにして座り込み、ポケットに手を突っ込んだところ、籠手紐が入っていることに気が付きました。自責の中で自分の左手首と左手の親指に絡め、右手で引っ張るという行為をしていますが、それからしばらく、少年の記憶はありません。気づいたときには、被害児が仰向けに倒れ、唇は紫になっていました。

被害児の遺体の首には籠手紐が二重に巻きつけられていました。少年は、被害児に泣きやんでもらいたい一心で、籠手紐を被害児の頸部に二重に巻きつけチョウチョ結びにしたのだと推測されます。リボンのように結ぶことが、被害児への贈り物になると考えたようです。紐は、強く締めつけられてはいませんでした。

被害児が死亡していることに気が付いた少年は、大きな精神的衝撃を受けました。少年は、被害児の遺体を押入（天袋）に入れました。少年にとって、押入は「ドラえもん」が居る場所であり、そのドラえもんなら何とかしてくれるのではないか、という思いがあったようです。このときの少年の精神能力は、一二歳程度のレベルからさらに退行していたと思われます。

Q6　少年は、殺害後に、なぜ被害者に対して性的行為を行ったのでしょうか？

A

被害児を天袋に入れた後、しばらく呆然として、押入や柱にもたれかかっています。そのとき少年は、自分のペニスが勃起していることに気がつきます。そのとき、下半身を露出した被害者の遺体が目に入りました。被害者に実母を投影していた少年は、遺体に救いを求めるような気持ちで歩み寄り、遺体に性的行為を行っています。

異常な精神状態の中で、死者を生き返らせたい、という衝動に突き動かされました。少年にとって、被害者を死に至らしめたことは決して意図的なものではありませんでした。逆に、被害者には母親を投影するほどの親愛的な感情を抱いていたのですから、その死を悔やむ気持ちはとても大きかったと思われます。少年は、被害者を、さらには被害者に投影された最愛の実母を蘇らせたいという衝動に突き動かされて死体への性的行為に及んでいます。少年は、犯行時まで性的な経験はなく、性に関する知識もきわめて乏しいものでした。少年が性交によって死んだ女性が再生するという漠然とした「蘇生」への期待を抱いていたとしても何ら不思議ではありません。その後、少年は、被害者の遺体を押入に入れています。

少年を鑑定した精神科医は、恐怖を感じる脳の中枢の部位と生理中枢は、脳幹視床を通して非常に近いため、恐怖体験に際して、ペニスが勃起するという現象が起こる可能性は十分にあると述べています。そして、「外傷体験が全部一気になって押し寄せてくる」あるいは「フラッシュバックの中で押し寄せて」くることによって、性的行為を行った時点では、「母との一体の中に戻ろうとしている面がある」と分析しています。

Q7 少年が、「被害者は、まだ生きている」と言っているのはどうしてでしょうか？

A

少年が鑑定人に話した言葉がメディアを通して話題になりました。事件後も、少年は、死んだはずの被害者が生きているかのように語ったりすることがありました。少年は、ものごとを父と子、母と子というような関係性で認知する傾向があります。求めて得られなかった家庭、求めて得られなかった実母との関係性が、少年にとっては現実と映っているのです。

そういう中で、得られなかった家庭での欲求を満たそうとして、被害者と被害児、そして被害者の夫との家庭をイメージし、現実と夢想との間を往き来することがありました。少年を鑑定した精神科医は、「本当の意味で、自分は殺人を行って二人を殺したというふうなことの意味を十分認識できない」状況にあるが、それは「防衛のメカニズム」があるからであると指摘しています。

そして、「まず母親との外傷体験、共生感情の分析を経て、父親の暴力の恐怖を分析していけば、被告人の精神的発達と安定を促すことが十分に可能」であり、治療計画を立てて実施していけば、矯正は可能だと述べています。

Q8 「少年」の生育歴は、事件にどのような影響を与えているのでしょうか？

A

犯行時の写真を見ると、少年は、中学生のように見えます。なぜこのように「幼いのか？」という疑問を抱いた弁護団は、臨床経験に富む精神科医と心理学者に鑑定を依頼しました。精神鑑定は、少年の人格発達が遅れた原因について、「①父親の理不尽な暴力にある。母親と被告人は父親の暴力にさらされて、②被虐待者として共生関係を持ち、苦しむ母親からの呼びかけで、性愛的色彩を帯びた相互依存の関係に至っている。③父親から殺されるかもしれないという繰り返された恐怖体験、日常、母親と本人に加えられた父親の暴力は、持続的な精神的外傷となって、幼い被告人に刻印されている。さらに実母が苦しみ抜いて自殺したことにより、母親の死の場面は被告人の強烈な精神的外傷として記憶された。この精神的外傷は侵入性の体験となり、被告人の少年期、何度となく内面を脅かしている」と説明しています。家庭裁判所の社会記録も、「発達レベルは四、五歳」と評価しています。

少年は、父親の激しい暴力により精神的な発達を阻害されていました。また、同じくドメスティック・バイオレンス（DV）の被害者である実母との「共依存関係」の閉ざされた世界の中で、真のコミュニケーションを結ぶことができずに大きくなりました。その実母も、一二歳のときに自殺してしまいました。

このことがきっかけで成長を止めた少年が、就職という新しい環境に適応できず、寂寥感と疎外感との中で精神的な退行状態に陥るとともに、サボっていることが父親に知れることを恐れ、排水検査を装って戸別訪問していた時に偶然、やさしく接してくれる被害者と出会い、自殺で亡くした母親を投影させ、甘えたいという願望から抱きついてしまった。これが事件のきっかけです。

Q9 少年は、現在、どのように事件を受けとめているのでしょうか？

A

「生きる」ということに正面から取り組むことから逃げてきた少年は、いま、ようやく事実と向かい合おうとしています。宗教教誨や新たな弁護人との出会いを通じて、成長しはじめています。少年時代に重大事件を犯し、一度は死刑を宣告されたものの控訴審で無期懲役となり、その後、模範囚として服役し、ご遺族から「がんばりなさい」との返事をもらうまでになった「先輩」と文通をはじめました。差戻審において、被告人は、みずからのおかした重大な事件と正面から向かい合っています。真の反省の道は、自己肯定から始まります。被告人は、これまで自分の犯してしまった罪の大きさから、自分を否定して生きてきました。しかし、自己否定をすることは、自分を大切にしてくれる周りの人たちの思いを否定してしまうということに気づき、不完全な自分であっても、今の自分としっかり向き合い、今の自分を肯定しながら、今、自分にできる謝罪と反省の道を歩くことが大切であることを感じることができるようになりました。

その成長はアンバランスで「まだら模様」のようですが、みずからの犯した罪を直視し、被害者にどう謝罪しようか、と自分の力で考えはじめています。

Q10　実質的に量刑不当を理由とする上告理由がなぜ認められたのですか？

A

刑事訴訟法は、控訴審の判決に不服がある場合、一定の事由があることを条件に上告を認めています。最高裁は、法令等についての憲法適合性を審査する終審の裁判所ですから（憲法八一条）、上告は、原則として、控訴審の判決に憲法解釈の誤りがある場合（刑事訴訟法四〇五条一号〔違憲審査〕）および判例違反がある場合（同法二号および三号〔法解釈の統一〕）に限られます。しかし、原判決に重大な瑕疵があり、当事者を救済しなければ著しく正義に反するようなときには、職権で原判決を破棄することができるものとされています（同法四一一条〔具体的救済〕）。この職権による破棄は、控訴審判決に①判決に影響を及ぼすべき法令違反、②甚だしい量刑不当、③判決に影響を及ぼすべき重大な事実誤認、④再審事由、⑤刑の廃止・変更または大赦、のいずれかがあり、原判決を維持することが著しく正義に反するときに認められます。

裁判の審理は被告人に著しい負担を課すものですから、検察官による上訴は憲法に違反するとの説が有力です。しかし、最高裁は、被告人に不利益な上告を認めています。本件は、控訴審の無期懲役の判決に対して検察官が、判例違反を理由に上告したものですから、この不利益上訴に当たります。

最高裁は、検察官の主張が単なる量刑不当の主張であって、刑事訴訟法四〇五条二項の上告理由に当たらないと判示しています。しかし、刑の量定が甚だしく不当であり（同法四一一条二号）、これを破棄しなければ著しく正義に反するとして、「死刑の選択を回避するに足りる特に酌量すべき事情があるかどうかにつき更に慎重な審理を尽させるため」に広島高裁に差し戻しました（同法四一三条）。

不利益上訴には違憲の疑いがあることはもとより、本件のように一審、二審ともに無期懲役とした事件について、執ように死刑を求める検察官の姿勢やこれを一部容認するかのような最高裁の対応は、日本国憲法や国際人権法に違反するといわなければなりません。

QII これまで一審、旧二審で主張していなかった事実を差戻審で主張することは許されるのですか？

A

上訴審が原判決を破棄し、原審に差戻した場合（刑事訴訟法三九八〜四〇〇条、四一二条、四一三条）、上級審の裁判は、その事件についての下級審の判断を拘束することになっています（裁判所法四条）。これを「破棄判決の拘束力」といいます。事件が上級審と下級審を往ったり来たりして決着がつかなくなることを避けるためです。

問題は、拘束力がどの範囲まで及ぶかですが、法律判断のみならず、事実判断にも及ぶと解されます。最高裁は、拘束力の及ぶ事実は、「破棄の直接の理由、すなわち原判決に対する消極的否定的判断」に限られ、「消極的否定的判断を裏付ける積極的肯定的事由についての判断は、破棄の理由に対しては縁由的な関係に立つにとどまり何らの拘束力を生ずるものではない」といっています（最高裁判所第二小法廷一九六八〔昭和四三〕年一〇月二五日判決、刑集二二巻一一号九六一頁。いわゆる「八海事件」最高裁判決）。

難解な表現ですが、高裁の判断を否定して、破棄したけれど、その判断の基礎になっている最高裁の認定した事実は、破棄した理由とは直接関係ないので、差戻審は最高裁の事実認定には拘束されない、というのです。

一審、二審の認定した事実や説示について、最高裁は「揺るぎなく」認めることができるとしていますが、「破棄の直接の理由」ではないので、差戻審を拘束するものではありません。むしろ、本件のように判断の前提が新たな証拠の提出によって崩れた場合には、拘束力が働かないことは当然です。現に、差戻審の広島高裁では、弁護側の提出した新たな証拠が採用され、証拠調べが行われています。このことは、弁護活動が正当であることを如実に示しています。

Q12 最高裁判決は、死刑適用基準を変更したのでしょうか？

A

検察官は、判例違反を上告理由としました。しかし、実質的には、従来、死刑の適用に関するリーディングケースとされてきた、いわゆる「永山事件」最高裁判決の変更を求めているといえます。この事件は、一九六八年一〇月から一一月にかけて一九歳の少年が連続して四件の短銃による強盗殺人・同未遂を行った事件です。少年には保護処分歴があり、被害者も四人であったことから、世間の耳目を集めましたが、一審死刑、二審では無期懲役、第一次最高裁で破棄差戻し、差戻審で死刑、そして第二次最高裁で被告人からの上告が棄却されて死刑が確定したという事件です。第一次最高裁判決は、「死刑制度を存置する現行法制の下では、犯行の罪質、動機、態様殊に殺害の手段方法の執よう性・残虐性、結果の重大性殊に殺害された被害者の数、遺族の被害感情、社会的影響、犯人の年齢、前科、犯行後の情状等各般の情状を併せ考察したとき、その罪質が誠に重大であって、罪刑の均衡の見地からも一般予防の見地からも極刑がやむを得ないと認められる場合には、死刑の選択も許される」（最高裁判所第二小法廷判決一九八三〔昭和五八〕年七月八日、刑集三七巻六号六〇九頁）としました。

もし、この判例を変更するのであれば、最高裁は、大法廷に事件を回付して、一五人の裁判官で判例変更をしなければなりません（裁判所法一〇条三号）。しかし、第三小法廷は、一、二審の事実認定を前提として、永山事件の死刑基準を適用し、「被告人の罪責は誠に重大であって、特に酌量すべき事情がない限り、死刑の選択をするほかない」としながら、特に酌量すべき事情の有無を検討し、「しん酌するに値する事情といえるのは、被告人が犯行当時一八歳になって間もない少年であり、その可塑性から、改善可能性が否定されていないということに帰着する」と判示しました。第三小法廷が「罪責が重大であれば、原則死刑」とする新たな死刑基準を示したのであれば、判例変更ですから、法令に違反した違法な手続であるといえます。

Q13 弁護人が変わってから新たな主張をしていることについて、その事情を聞かせてください。

A

被告人の新たな主張が、新しい弁護人の誘導によるものではないか、という人がいます。しかし、これはまったく事実に反しています。

二〇〇二年三月二七日、検察官が判例違反を理由に上告した直後、被告人の気持ちは随分荒れていたようです。しかし、周囲のアドバイスを受けて、宗教関係の書物を読み、教誨を受けるようになりました。そのころから、一部の関係者に「殺害の意図はなかった」と打ち明けはじめていました。しかし、旧弁護人はこのことを知りませんでした。

二〇〇五年一一月、最高裁は、突然、弁護人に対して、来年の二月または三月に弁論を開きたい、と連絡してきました。最高裁が、弁論を開くということは、無期懲役の原判決を破棄して、死刑を言い渡そうとしていることを意味します。本件を少年事件と考えてきた弁護人にとってまったく予想しない事態でした。弁護人は、最高裁に検討のための時間がほしいので、協議したいと申し入れましたが、最高裁はこれを無視し、一方的に弁論を三月一四日に指定しました。

期日間近の二〇〇六年二月二七日、旧弁護人の依頼を受けて二人の新たな弁護士が少年に接見しました。被告人は、開口一番、「強姦するつもりはなかった」と訴えました。つぎの接見では、「殺すつもりはなかった」と殺意も否認しました。新旧弁護人は驚愕し、詳細に事実関係についての聴き取りをはじめました。

少年の主張どおりであれば、殺人と強姦は成立せず傷害致死だということになります。弁護方針を根本的に変更することになるので、旧弁護人は辞任しました。新弁護人は、膨大な記録の検討のため、弁論の延期を求めましたが、最高裁は申請を却下しました。弁護人は、やむなく欠席届を提出しましたが、最高裁は弁論を強行し、次回の弁論を四月一八日に指定するとともに、弁護人に出頭命令と在廷命令を発しました。

弁護人は、「本件は、少年が母に甘えるように、被害者にそっと抱きついたことがきっかけで起きた事件であり、強姦の意思はなかった。被害者の予想外の抵抗に遭って、驚愕の内に被害者を死亡させてしまったものであって殺意はない。被害児に対しても、床に叩きつけたり、首を絞めたりしたことはない。泣きやませようとして首に紐を緩く巻いてチョウチョ結びをしたものであって殺意はない。いずれも傷害致死にとどまる」と主張しました。さらに、原判決を破棄し、事実調べのやり直しを命ずること、それができないのであれば、弁論を続行することを求めました。最高裁は、弁論の続行を拒否しましたが、一ヶ月以内に追加書面を提出すれば、弁論で述べられたものとして扱うという妥協案を提示してきました。なぜ、最高裁は、このように審理を急いだのでしょう。不可解でした。

五月一八日、弁護人は、弁論補充書を提出しました。これに添付されていた法医学鑑定は、被告人と弁護人の主張を完全に裏付けるものでした。しかし、最高裁は、六月二〇日、破棄差戻しの判決を言渡しました。判決の日、法廷に裁判長の姿はありませんでした。約三年余も審理が停まっていた事件が、裁判長の定年退官を前に駆け込みで処理されたのでした。

Q14 少年は、現在の主張を、どうして当初からしてこなかったのでしょうか？

A

検察官の起訴事実やこれまでの裁判所による認定を支えている主な証拠は，被告人の自白調書です。しかし、この自白は、大人たち（取調べを担当した警察官・検察官）の思い込みや威迫に基づくもので、注意深く検討すると、合理性を欠くものや経験則に反するものも少なくありません。

少年は、逮捕直後の取調べ、少年鑑別所や家庭裁判所で、殺意の否認を示唆するような発言をしていますが、捜査官には、「被害者が死亡しているのに何を言うか」、というような調子で一喝されています。それ以来、殺害の故意については発言することを止めました。少年は、殺人と傷害致死とで罪に違いがあるとは知りませんでした。

強姦については、検察官は、少年（被告人）に対して、「君が否認するようなことを言うと、死刑を求刑しなければならない」と威迫して「強姦するつもりだった」と言わせています。少年は、性交のことは「エッチ」、無理やりエッチすることを「レイプ」と言っており、暴力で犯すという意味の「強姦」は行っていないと言っていました。この種の取調官への迎合は、少年事件の捜査に顕著な傾向で、少年の自白調書の信用性を、まずは、疑ってかかるべきです。

Q15 この事件は、最初は少年事件として審理されましたが、その審理の特質はどのようなものですか。

A

裁判を受けるとき二〇歳未満である少年については、すべての事件を家庭裁判所に送り、少年の特性に配慮した事件処理をしなければならないことになっています（少年法三条）。家庭裁判所の審理は審判と呼ばれ、ケースワークの専門家である家庭裁判所調査官の所見を参考にして、裁判官が適切な処分を決定します。調査に際しては、「なるべく、少年、保護者又は関係人の行状、経歴、素質、環境等について、医学、心理学、教育学、社会学その他専門的智識特に少年鑑別所の鑑別の結果を活用して、これを行うように努めなければならない」（同九条）とされています。

家庭裁判所の調査は、適正な少年の処遇に資し健全な育成を期するという少年法の究極目的につながるものです。調査に当たっては、人間の科学の意義と限界をよくわきまえ、科学の軽視や濫用に陥らないように心がけ、常に謙虚に人間性を尊重してこれを愛惜する心を失わないように努めることが大切です。

家庭裁判所は、死刑、懲役または禁錮にあたる罪の事件について、調査の結果、その罪質や情状に照らして刑事処分が相当であると認めるときは、決定によって、事件を管轄地方裁判所に対応する検察庁の検察官に送致しなければなりません（同二〇条）。これを「逆送」といいますが、この場合、検察官は、原則として、一〇日以内に起訴しなければなりません（同四五条）。

本件では、少年は同年四月一八日に逮捕され、同年五月九日には山口家庭裁判所に送致され、同年六月四日には山口家裁が刑事処分相当ということで、逆送決定しました。なお、家裁では父親の依頼を受けて、私選の弁護士が付添人に選任されています。

Q16 一審と、旧二審（控訴審）の裁判で行われた審理の内容について教えてください。

A

逆送後の裁判は、基本的に成人と同じように公開の法廷で行われますが、前述の少年法九条の趣旨に従って、行わなければなりません（同五〇条）。また、少年事件の審理については、懇切を旨とし、かつ事案の真相を明らかにするため、家庭裁判所で取り調べた証拠は、つとめてこれを取り調べなければならないことになっています（刑事訴訟規則二七七条）。

一審は、一九九九年八月一一日に第一回公判があり、二〇〇〇年三月二二日の第七回公判で無期懲役の判決が言渡されています。前述の付添人が継続して弁護人となりましたが、父親から、早期に裁判を終えてほしいと依頼されていたようです。冒頭手続から、少年は公訴事実を争いませんでした。弁護人は、強姦の故意は、被害者宅に招き入れられた後であると主張しただけで、書証については自白調書も含め、ほとんどに同意しました。被告人質問は二回、被害者の夫と母親が検察側の証人として証言していますが、少年のための証人はいませんでした。被害者のご遺族は、検察官による自白調書の朗読を聞き、怒りや憎しみをますます募らせることになりました。

法廷では、事実関係についての被告人質問はほとんどありませんでした。ただ、被害者に抵抗され、大声を出されるので、頭の中が真っ白になって、「とにかく声だけをとめようというふうなことしか考えられなくなって」、「冷静に判断できなくて、首を絞める羽目になりました」と答えています。また、被害児についても「押し入れの中とか、お風呂場の所とか試して見たけど、お風呂場はすごく響いて、押し入れの中も大して変わらなかったので、どんどん、どんどん、腹が立ってきて、殺してしまうような羽目になってしまいました」と答えて、殺意を否定しているとも受取れる供述をしています。

一審は、少年の不遇な生育環境が本件犯行を犯すような性格や行動傾向を形成するについて影響があったとして、また殺人は偶発的であったとして、無期懲役を宣告しています。被害者のご遺族は、「司法に負けた」と激しく反発しました。

二〇〇〇年三月二八日、検察官は控訴しました。九月七日に第一回公判が始まり、二〇〇二年三月一四日の第一三回公判で検察官の控訴を棄却する判決が言渡されました。当時検察官は「一〇〇回負けても一〇一回目をやるんだ」と言っていたそうです。弁護人は二人の国選弁護人でしたが、この事件を少年事件として弁護することを基本方針としました。検察官は、事実関係について新たな立証はしませんでした。

旧二審では、被告人質問六回、証人三人の取調べが行われましたが、被告人質問は、もっぱら手紙と被告人の生い立ちに終始し、事実関係についての質問はほとんどありませんでした。証人三名はいずれも検察側証人で、被告人にとって不利な情状を立証するものでした。したがって、旧二審でも、被告人側の証人はなかったことになります。弁護人は、情状鑑定を請求しましたが、却下されています。

判決は、ほぼ一審同様の理由で無期懲役を是認していますが、検察官の決め球であった、被告人の私信（Q17参照）は、相手の手紙のふざけた表現に触発されたものととらえ、無期懲役の判決を変更するまでに至らないと述べています。被害者ご遺族は、激しく反発しました。

Q17 旧二審で提出された「手紙」について、報道されていますが、少年が「手紙」を書いた経緯を教えてください。

A

この事件で、検察官は、少年に数々の罠を仕掛けています。卑劣な罠の最たるものが、旧二審の被告人が未決拘禁中に山口刑務所で知りあった友人に出した手紙です。拘置所での検閲によって、手紙の一部に、被害者を侮辱し、司法関係者を揶揄し、反省悔悟を疑わせるような内容の記載があるとの報告を受けた検察官は、この友人に手紙を「任意」提出させて、証拠申請したものと思われます。被告人に反省がないことの証拠とされたこの手紙は、報道関係に漏れ、週刊誌に大々的に報道され、世間の顰蹙と怒りをかうことになりました。弁護人は、通信の秘密に対する侵害であると証拠申請に反対しましたが、裁判所はこれを採用しました。しかし、信じていた友人に裏切られた少年は、大いに傷つきました。以後、少年は恐ろしくて手紙さえ出すことができなくなりました。少年は、完全に外界とのコミュニケーションの機会を奪われてしまったのです。

差戻審でも、真面目に被害者の意見陳述に耳を傾け、メモを採っていた被告人に向かって、公判検事は、「君は真面目に被害者の言葉を聞いていなかった」と言って、被告人を脅しました。

Q18 なぜ、一審と旧二審の弁護人は、現在主張しているような事実に気がつかなかったのでしょうか？

A

一審の弁護人は、父親の依頼を受けて選任されましたが、事件を早く終わらせることを優先しました。一八歳と三〇日の少年の事件であることから、まさか死刑になるとは思っていなかったのでしょう。結果として、無期懲役の判決でしたから、その目算は当て外れだったとはいえません。しかし、この時点で証拠をしっかり検討し、その採否について争っておかなかったことが、後に被告人にとって決定的に不利な状況をもたらすことになります。

旧二審の弁護人も、この事件を死刑事件ではなく、少年事件として弁護しました。事実関係については争わず、少年の内省を深め、裁判所と被害者に少年を理解してもらおうとしました。良くも悪しくも、無期懲役の判決が覆るとは考えていませんでした。そのため、被告人質問六回、証人三人の取調べが行われましたが、被告人質問は、もっぱら手紙と被告人の生い立ちに終始し、事実関係についての質問はほとんどありませんでした。被告人には、重要な訴訟関係資料の差入れもなされていません。

それぞれの弁護士は、異なる理由ではありましたが、事実関係について争うという発想がありませんでした。そのため、無期懲役が不当だとは考えませんでした。このことが、最高裁および差戻審の裁判を決定的に不利にしています。

Q19 差戻審での検察側は、どのような主張をしているのでしょうか。

A

検察官は、事実関係についてはほとんど争っていません。弁護側の主張に対しても、真摯に反論をしていません。わずかに法医学鑑定について、弁護側の二つの鑑定に反論するために石津日出夫氏の鑑定書を提出し、その証人尋問をしました。

Q17でも触れましたが、卑劣な訴訟活動の最たるものが、旧二審の被告人が勾留中に知りあった友人に出した手紙です。拘置所での検閲で、被告人にとって不利な事実があることを知った検察官は、この友人に手紙を「任意」提出させて、証拠申請し、被告人に反省がないことを主張しました。信頼している友人に出した手紙が捜査に利用されたことを知った被告人は、深く傷ついていました。

差戻審でも、真面目に被害者のご遺族の意見陳述に耳を傾け、懸命にメモを採っていた被告人に向かって、公判検事は、「君は真面目に被害者の言葉を聞いていなかった。わたしは、メモ紙に線を引くのを見た」と言って、元少年を脅しました。後にこれが真っ赤な嘘であったことが明らかになるのですが、混乱した法廷で、被告人の口から出た言葉が、「検察官には、僕を『なめないでいただきたい』と言いたい」という発言だったのです。被告人は、いま、このとき興奮してしまったことを深く反省しています。

Q20 この事件を死刑廃止運動に利用しているという批判がありますが、本当にそうでしょうか？

A

たしかに、本件では少年と死刑をめぐる問題が争点になっています。しかし、弁護団は、この事件を死刑廃止運動のために利用したことはありません。また、本件において死刑廃止を主張したことは一度もありません。これは、立証活動や最終弁論を見ていただければ明らかだと思います。

個々の弁護士の死刑についての考え方も様ざまです。存置論を支持する者、執行停止を唱える者、即時廃止を主張する者など……。ただ、共通した認識として、事実誤認に基づき、適正手続と公正に反する違法な死刑判決が言渡されるべきではないという点では一致しています。

Q21　二一人もの弁護士が、なぜ必要なのでしょうか？

A

このように多くの弁護士が集まった理由の一つには、最高裁の不当かつ強引な訴訟運営があります。最高裁で新たに選任された二人の弁護人が、事実解明の必要性を訴えたにもかかわらず、最高裁は、これを一顧だにせず、従来の慣行に反して判決を急ぎ、検察官の不当な上告を認めて、破棄差戻しの判決を言渡しました。また、被害者遺族の厳罰を求める訴えや、それに同情するマス・メディアや世論の凄まじい非難が、最高裁の不当な訴訟運営に影響を与えたことは、否定できないと思います。このままでは、差戻審が真実の解明の場にならないのではないか、と危惧されました。二人の弁護人の呼びかけを受けて、日本の刑事裁判の現状を憂慮し、悲惨な状況に置かれた被告人のために闘おうという弁護士が集まりました。

本件には、法医学鑑定や心理・精神鑑定、自白の変遷、幼児虐待、少年の刑事責任、検察官の不当な捜査・公判活動など、多くの争点があります。膨大な訴訟資料を検討し、新たな証拠を収集するためには、多様な能力と経験をもった弁護団を組織する必要がありました。そこで、最高裁で新たに選任された弁護人と差戻審が行われる広島弁護士会所属の弁護士を中心に、この種の重大事件や死刑事件を手がけた経験を持つ全国の弁護士が、集まったのです。

光市事件・裁判の経過一覧

1 起訴まで

1999年	
4月14日	事件発生（社宅で妻と長女が殺害されているのを帰宅した夫が発見）。
4月18日	近所の少年（当時18歳）を山口県警が逮捕。当番弁護士が接見するも、捜査段階では弁護人は付いていない。
5月9日	山口家庭裁判所へ送致。少年審判では付添人弁護士が付く。
5月12日	被害者の夫が少年を殺人・強姦致死で告訴。
6月4日	山口家庭裁判所が審判で「刑事処分相当」とし山口地方検察庁に逆送決定。

2 第一審（9カ月間） 山口地方裁判所（渡邉了造〔裁判長〕・向野剛・上田洋幸）

1999年	
6月11日	少年を殺人、強姦致死、窃盗で起訴。
8月11日	第1回公判　被告人は公訴事実を争わず。弁護人は、強姦の故意の発生時期だけ争う **審理：**書証について自白調書は同意、被害者の夫・母親証人調、被告人質問2回（殺害行為を否認すると受け取れる供述をしている）。強姦の故意の発生時期だけの争いその他の問題とされず。
2000年	

3月22日 第7回公判　判決・無期懲役（死刑求刑）。

3 旧二審（2年間）　広島高等裁判所（重吉孝一郎〔裁判長〕・菊地健治・古賀輝郎）

2000年

3月28日 検察官が控訴。

6月28日 検察官が控訴趣意書提出、量刑不当を主張。

9月7日 第1回公判。

審理：被告人の発受した手紙の証拠調べ、被害者の夫の証人調べ、手紙を入手した警察官・検察事務官の証人尋問、被告人質問6回、被害者遺族の意見陳述。弁護人は情状鑑定の請求をするが、却下される。

2002年

3月14日 第13回公判　判決・控訴棄却（無期懲役）。

4 上告審（4年3カ月）　最高裁第三小法廷（上田豊三・藤田宙靖・堀籠幸男・濱田邦夫〔裁判長。判決時は退官のため署名押印できず〕）

2002年

3月27日 検察官が上告。

10月30日 検察官が上告趣意書を提出、判例違反、量刑不当。

12月26日 弁護人が答弁書を提出。上告趣意書の論点に反論。

2005年

12月6日	最高裁が、旧弁護人の意向を無視して2006年3月14日に弁論期日を指定。

2006年

2月27日	新弁護人が広島拘置所で初めて被告人と接見。被告人は新弁護人に対して事実が違う（殺人及び強姦を否認）と訴える。旧弁護人は辞任へ。
3月7日	新弁護人は事実調査が必要である等として弁論期日の延期を申請。
3月8日	最高裁は新弁護人の意向を無視して延期申請を却下。
3月14日	最高裁の弁論期日。弁護人は欠席、弁論は開かれず。最高裁は弁論期日を一方的に4月18日に指定。
3月15日	最高裁は弁護人に出頭・在廷命令を出す。
4月18日	最高裁で弁論が開かれる。新弁護人は、「殺人及び強姦について無罪を主張し、事実誤認を理由とする破棄差戻ないし弁論の続行」を求める。最高裁は弁論続行を拒否して結審。
5月18日	新弁護人は最高裁に弁論補充書を提出。法医鑑定書を提出し改めて事実誤認を指摘（6月16日までの間にさらに2通の補充書を提出）。
6月20日	判決・原判決破棄、広島高裁へ差戻し（原判決が無期懲役としたのは著しく正義に反して軽い。犯行行為は原判決が認定したとおり揺るぎなく認めることができる）。

5 差戻控訴審・広島高裁（楢崎康英〔裁判長〕・森脇淳一・友重雅裕）

2006年

10月中旬　弁護団を結成（北海道から九州まで22人の弁護人）。

2007年

5月24日　第1回公判　弁護人、検察官が更新意見を陳述。
6月26日　第2回公判　被告人質問（実行行為）。
6月27日　第3回公判　被告人質問（同上）。
6月28日　第4回公判　犯罪心理鑑定人尋問。
7月24日　第5回公判　被告人質問（実行行為の日の行動）。
7月25日　第6回公判　法医鑑定人尋問（2名）。
7月26日　第7回公判　精神鑑定人尋問。
9月18日　第8回公判　被告人質問（供述の変遷・情状）。
9月19日　第9回公判　被告人質問（同上）。
9月20日　第10回公判　被害者遺族の意見陳述、検察官請求法医鑑定人尋問ほか。
10月18日　第11回公判　検察官、再度死刑求刑。
12月4日　第12回公判　弁護人、最終弁論　結審。

2008年

4月22日　判決公判（予定）。

編集後記

周知のように2009年5月より、裁判員制度がはじまる。光市事件・裁判は、それまでに司法関係者だけでなく私たちが肝に命じておかなければならない問題を提起した。たとえば、刑事裁判の目的・しくみや刑事弁護人の役割に関する基本的な知識の必要性である。またマスメディアには、事件・裁判を冷静に報道する方法を追求していただきたい。

本書では、この事件・裁判が提起した問題のすべてを取り上げることができなかった。今後の企画活動に中で生かしていくことで、お許しを願いたい。

なお、本書の編集に協力していただいた佐藤邦男氏、村岡美奈氏（ともに元立命館大学法科大学院生）および島谷直子氏に感謝したい。（成澤）

光《ひかり》市《し》事《じ》件《けん》裁《さい》判《ばん》を考える

2008年1月31日　第1版 第1刷

編　　者　現代人文社編集部
発 行 人　成澤壽信
発 行 所　株式会社 現代人文社
〒160-0004 東京都新宿区四谷2-10 八ッ橋ビル7階
振替 00130-3-52366　電話 03-5379-0307（代表）　FAX 03-5379-5388
E-Mail henshu@genjin.jp（代表）／hanbai@genjin.jp（販売）
Web http://www.genjin.jp
発 売 所　株式会社大学図書
印 刷 所　株式会社シナノ
イラストレーション　北村 人
ブックデザイン　Malpu Design（長谷川有香）

検印省略　PRINTED IN JAPAN　ISBN978-4-87798-358-1　C0036